Hans Kaegelmann

Untersuchung über die Zulässigkeit von Zulassungen und Verboten von Heilmitteln

Verlag Kritische Wissenschaft
D – 51556 Windeck/Sieg
1997

© by Verlag Kritische Wissenschaft
D – 51556 Windeck/Sieg
Printed in Germany

ISBN 3-925914-47-1

Inhaltsverzeichnis

	Seite
Vorwort	5

Buchkapitel:
1. Die vorliegende Problematik 7
2. Die vorliegenden zu beantwortenden Fragen 11
3. Die Methodik zum Nachweis der Wirksamkeit individueller Heilmittel und -verfahren 20
4. Brauchbarkeit und Wert der geltenden und vorgeschriebene Methodik zum Nachweis der Wirksamkeit von Heilmitteln ... 26
5. Stimmt die vorgeschriebene Methodik zum Nachweis der Wirksamkeit von Heilmitteln mit der generell richtig gültigen wissenschaftlichen Nachweismethodik überein oder nicht? ... 32
6. Leichter verständliche Zusammenfassung wissenschaftlich falscher und richtiger Nachweismethodik 55
7. Beantwortung der zur wissenschaftlichen Beurteilung der vorgeschriebenen Wirksamkeitsnachmethodik für Heilmittel gestellten Fragen 57
8. Die konkrete Anwendung der wissenschaftstheoretisch Erkenntnisse auf die vorgeschriebenen Nachweismethodik der Wirksamkeit von Heilmitteln 58
9. Ist die staatliche Reglementierung von Heilmitteln eine positive nützliche Leistung oder ein schädlicher Irrtum? 60
10. Die zum Schutz der Freiheit nötige Freiheitsbeschränkung ... 70
11. Wie der Staat auf andere Weise besser zum Schutz der Bürger beitragen kann 72
12. Das Gesetz zum Umgang mit Heilmitteln 85
13. Abschluß der Untersuchung der vorliegenden Kernproblematik ... 86
14. Wem nützen die geltenden Heilmittel-Zulassungsvorschriften? ... 88
15. Beantwortung weiterer gestellter Fragen 98
16. Zusammenfassung 105
    Über den Autor 108
    Anmerkungen 109

Vorwort

Die in diesem Buch dargelegte wissenschaftlich genau, ausgewogen und genügend umfangreich durchgeführte Untersuchung hat sehr erhebliche Bedeutung für die Gesundheit der Menschen, die Volksgesundheit, das gesellschaftliche Zusammenleben, die Politik und insbesondere die Demokratie. Die Kenntnis zumindest des wesentlichen Inhalts dieses Buches sollte damit eigentlich auch zur Pflichtlektüre für diejenigen werden, die sich mit einem der genannten Sachbereiche oder mit mehreren von ihnen befassen, besonders aber für die Gesundheitspolitiker, von deren Qualität, wenn auch leider, Wohl und Wehe vieler Menschen abhängen.

Da nicht jeder die Zeit hat, das ganze Buch genau durchzulesen, ist an seinem Schluß eine Zusammenfassung angefügt, deren Lektüre eilige Leser vorziehen und sich auch darauf beschränken können. Die Gesundheitspolitiker könnten das genauere Buchstudium an tatsächlich geeignete Mitarbeiter, die ihre eigene Meinung nicht einfließen lassen, delegieren, von denen sie sich dann zusammenfassend informieren lassen können.

Insbesondere das ausführlichste Kapitel über die wissenschaftliche Methodik wird für viele zuviel sein, so daß sie es zu lesen weglassen können. Natürlich bringt dies Kapitel die größtmögliche Sicherung des wissenschaftlichen Nachweises der hier vorgelegten Untersuchungsergebnisse und ist deswegen für deren Sicherung entscheidend. Zur genauen wissenschaftlichen Auseinandersetzung ist daher dies Kapitel nicht zu überspringen.

Die Kapitel 9 - 13 über die politische Problematik sind für Gesundheitspolitiker und andere politisch Interessierte besonders wesentlich.

Das Buch enthält ein wissenschaftlich gut fundiertes Untersuchungsergebnis, damit eine fundierte Einschätzung, die der kritischen Korrektur auf etwa eingeschlichene Irrtümer bedarf. Dieser Bedarf ist wissenschaftlich genauer in dem Buch des Verfassers **„Einschätzung und Irrtumskorrektur"** begründet, zuvor auch in dem Buch Karl Raimund Poppers **„Logik der Forschung"**.

Demgemäß stellt sich der Buchinhalt der Kritik. Eine solche erfolgt, wenn sie mit ähnlich wissenschaftlicher Genauigkeit vorgeht, wie sie in diesem

Buch geübt wird. Bloßes Wiederkäuen und Nachplappern gängiger Denkschemen genügen den nötigen Anforderungen an solche Kritik nicht. Wenn bisher Gewähntes verteidigt wird, müßte dies ebenfalls genügend wissenschaftlich fundiert erfolgen. Da dies kaum möglich sein dürfte, müßten wohl schon bessere Argumente und kritische Einwände erfolgen, um in diesem Buch erbrachte Untersuchungsergebnisse zu falsifizieren = als falsch = unzutreffend zu erweisen. Wer sich dazu fähig meint, kann in die gewissen- und ernsthafte wissenschaftliche Auseinandersetzung eintreten.

Die Gesundheitspolitiker sind aufgefordert, sich aus der Abhängigkeit von geltenden, aber wissenschaftlich unzulänglichen Gutachtern zu befreien, ihre eigene Entscheidungsfreiheit zu gewinnen und sich von vermeintlichen Verpflichtungen, die keine sind, freizumachen, somit den Menschen und ihrer Wohlfahrt zu dienen, statt die ihnen anvertrauten Bürger zu bevormunden und, selbst unwissentlich, in Unglück zu stürzen.

1. Die vorliegende Problematik.

Im Gegensatz zu früher und auch heutzutage in manchen anderen Staaten werden in vielen Staaten, so auch in Deutschland, Heilmittel reglementiert, was bedeutet, daß der Staat vorschreibt, welche Heilmittel hergestellt, vertrieben und verwendet werden dürfen und welche nicht. Diese Reglementierung wird damit begründet, daß der Staat die Aufgabe habe, seine Bürger vor Gefahren und Schäden zu schützen. Demzufolge sei erforderlich, festzustellen, welche angeblichen Heilmittel schädigen und welche nützen, um diese zu Heilzwecken zuzulassen, jene zu verbieten. Zu dieser Feststellung werden wissenschaftliche Nachweisverfahren verwendet und vorgeschrieben, mittels derer die genannten Feststellungen angeblich sachrichtig getroffen werden könnten. Um die erforderliche Sicherheit zu erreichen und mögliche Schädigungen durch das Nachweisverfahren an Menschen so gering als möglich zu halten, wird eine doppelte Nachweismethodik vorgeschrieben: an Tieren und an Menschen.

Da exakte eindeutige Resultate wie zu einem erheblichen Teil in den exakten Naturwissenschaften in dem Lebensbereich nicht erzielt werden können, werden die Heilmittel-Nachweisverfahren mit spezieller statistischer Methodik durchgeführt. Mittels dieser Methodik gelten Heilmittel dann als schädlich oder nützlich, wenn mit ihnen jeweils soviel negative = schädigende oder positive = nützliche Resultate erzielt werden, daß ein Überwiegen in einer Richtung ausreiche, um das betreffende angebliche Heilmittel als schädlich oder nützlich einzustufen. Ein solches mathematisch bestimmbares Überwiegen wird als signifikant bezeichnet. Wenn mit der vorgeschriebenen Methodik ein Heilmittel als statistisch signifikant schädlich oder nützlich erwiesen wurde, wird es im ersteren Fall verboten, im zweiten Fall zugelassen. In dieser Weise werden Heilmittel an Tieren auf statistisch signifikante Resultate überprüft. In Tieren wird künstlich eine Krankheit erzeugt, auf der das zu überprüfende Heilmittel wirken soll. Werden genügend positive = krankheitsheilende oder -reduzierende Resultate erzielt, ist die erste Nachweishürde genommen. Da Wirkungen an Tieren teilweise denen an Menschen ähnlich oder gleich sind, teilweise aber auch nicht, wird der Nachweis an Tieren durch einen weiteren an Menschen ergänzt. Nach den derzeit geltenden Nachweisvorschriften muß dieser Nachweis mit der sogenannten randomisierten Doppelblindmethodik erfolgen.

Sie besteht darin, daß
1. die Patienten, an denen das Heilmittel überprüft wird, in Gruppen eingeteilt werden, von denen nach Zufall die einen das betreffende Mittel erhalten, die anderen nicht, sondern ein angeblich wirkungsfreies Placebo, was randomisieren genannt wird,
2. sowohl die Patienten wie die behandelnden Ärzte nicht wissen, daß ein Nachweisversuch angestellt wird, was Verblindung heißt. Keiner der direkt Beteiligten weiß also, ob das jeweilige angebliche Heilmittel angewendet wird oder nicht.

Auf diese Weise können, wenn überhaupt, nur krankheitsspezifische angebliche Heilmittel überprüft werden, also solche Mittel, die generell auf Krankheiten oder bestimmte ihrer Symptome wirken oder wirken sollen.

Da es generelle Krankheiten nur abstrakt gibt, sie also konkret nur in konkreten Individuen, die erkranken, vorkommen, gibt es außer generellen Krankheitserscheinungen, die ähnlich an vielen Menschen auftreten, auch individuelle, die für das jeweils betreffende Individuum individualspezifisch sind, demgemäß nicht generell krankheitsspezifischer, sondern individuell ausgerichteter Heilmittel bedürfen. Derartige Heilmittel sind mit der genannten Methodik generell nicht überprüfbar und bedürfen demgemäß, sofern sie überprüft werden sollen, einer anderen Methodik. Eine solche Methodik ist bisher wissenschaftlich nicht bekannt und wird nicht verwendet.

Da eine solche invidualisierende Heilweise in der offiziell geübten und von den medizinischen Universitätsfakultäten gestützten Medizin kaum, höchstens in tastenden Anfängen bekannt ist, wurde dafür auch kein wissenschaftliches Verfahren entwickelt, sondern zunächst das vorgenannte allein geltende Nachweisverfahren als für alle Heilmittel verbindlich erklärt. Demgemäß sollten vor etwa 20 Jahren = in den siebziger Jahren des 20. Jahrhunderts die individuell wirkenden Heilmittel, die einen großen Teil der sogenannten „Naturheilmittel" bilden, verboten werden, ebenso auch alle anderen Nichtnaturheilmittel, für welche die geforderten Nachweise nicht erbracht wurden.

Dagegen wehrten sich damals die Vertreter der sogenannten Naturheilmittel mit dem Hinweis auf die Individualspezifität und nicht Krankheitsspezifität ihrer Mittel. Da dies Argument unwiderlegbar blieb, wurde für den Nachweis der Wirksamkeit von Naturheil- und anderweitigen Mitteln eine Galgenfrist gewährt, und es wurde die Auflage gemacht, in dieser Frist eine eigene Methodik zu entwickeln, mit der die mit der geltenden Methodik nicht überprüfbaren Mittel überprüft werden könnten.

Diese Galgenfrist lief Ende 1995 ab und wurde bis 1996 nochmals verlängert. Danach dürfen die wegen mangels an Wirkungsnachweis nicht zugelassenen Heilmittel nur noch bis zum Jahr 2004 vertrieben und verordnet werden, dann nicht mehr, so daß dann viele bisherige angebliche, aber auch tatsächliche Heilmittel der betroffenen Bevölkerung nicht mehr zugänglich sind.

In der nun abgelaufenen Galgenfrist von zwei Jahrzehnten wurde die geforderte Nachweismethodik für andersartig wirkende Heilmittel angeblich nicht geliefert. Für einige Mittel wurde eine solche Nachweispflicht nicht mehr für erforderlich eingestuft, während sie für andere aufrecht erhalten wird, demgemäß diese Mittel in der angegebenen Frist verboten werden und nicht mehr zur Verfügung stehen werden.

Den homöopathischen Einzelmitteln, die nur einen angeblichen Wirkstoff enthalten, wurde der Wirkungsnachweis erlassen. Anscheinend wollte man das Glatteis einer Auseinandersetzung mit diesen bisher üblicher Wissenschaft undurchschaubaren Heilmitteln vermeiden. Dagegen wird von homöopathischen Komplexmitteln, die mehrere Wirkstoffe enthalten, Phytopharmazis = Pflanzenheilmitteln und anderen Natur- und Nichtnaturheilmitteln der bisher übliche Nachweis mit nur einer standardisierten Doppelmethode an Tieren und Menschen verlangt. Kein Nachweis wird dagegen verlangt für sogenannte Heilwässer, für sogenannte physio-und psychotherapeutische Heilmittel und -methoden.

Darüber wie mit sogenannten Geistheilungen verfahren werden soll, fehlt noch eine Entscheidung. Eine solche Entscheidung wurde wohl deswegen gescheut, weil sie mit geltender Religion in Konflikt geraten würde, da in Religionen Geistheilungen unabhängig von staatlichen Zulassungen üblich sind.

Als für die Nachweispflicht für Heilmittel zuständig wurde das Unternehmen, welches das Heilmittel herstellt, erklärt. Anfänglich wurde dies nicht so gehandhabt, dann wurde jedoch kurzerhand das Unternehmen für nachweispflichtig erklärt, ohne daß dafür eine wissenschaftlich fundierte Erkenntnis vorgelegt wurde.

Die vorliegende Problematik setzt sich somit aus sehr vielen sehr differenten und differenziert gelagerten Problemen zusammen, die alle aufzuarbeiten und zu lösen sind, um zu entscheiden, ob die derzeitig verwendete Methodik richtig = zulässig oder falsch = unzulässig ist. Es ergibt sich somit eine Fülle von zu behandelnden Fragen, die nach der vorstehenden kurz zusammenfassend dargestellten Problematik einzeln auflistbar sind, um sie danach ohne in Verwirrung zu geraten zu untersuchen und zu beantworten.

2. Die vorliegenden zu beantwortenden Fragen

1. Ist die geübte Reglementierung von Heilmitteln gegenüber unreglementierter von Nutzen oder Schaden?
2. Bringt sie einen zu befürwortenden Fortschritt oder nicht zu befürwortenden Rückschritt?
3. Ist sie mit Demokratie zu vereinbaren oder nicht?
4. Hat der Staat die Aufgabe, die Bürger zu schützen?
5. Wieweit dürfen Maßnahmen zum Schutz die Freiheit der Bürger einschränken?
6. Ist es zum Schutz der Bürger erforderlich, staatlicherseits zu ermitteln, welche angeblichen Heilmittel schädigen oder nützen?
7. Kann der Staat auf andere Weise besser zum diesbezüglichen Schutz der Bürger beitragen?
8. Haben Vertreter des Staates Kompetenz, Entscheidungen über Zulassungen oder Verbote von Heilmitteln zu fällen oder nicht?
9. Haben sie, wenn sie nicht die Kompetenz dazu haben, eine andere Möglichkeit, sicher sachrichtige Entscheidungen zu fällen?
10. Wenden sich die Staatsvertreter an ausreichend kompetente Gutachter, die ihnen sichere Entscheidungen ermöglichen?
11. Sind die Gutachter, an die sie sich wenden, ausreichend kompetent und verfügen sie über den derzeit höchstmöglichen Stand wissenschaftlicher Nachweismethodik?
12. Können mit der bisher geübten Entscheidungsmethodik sicher sachrichtige Entscheidungen gefällt werden?
13. Ist es berechtigt, Entscheidungen zu fällen, wenn sie nicht sicher sachrichtig gefällt werden können?
14. Sind bisher immer sachrichtige Entscheidungen gefällt worden?
15. Wie können, wenn dies nicht der Fall ist, künftig Fehlentscheidungen vermieden werden?
16. Können falsche Entscheidungen über Zulassung und Verbote von Heilmitteln strafrechtliche Konsequenzen haben?
17. Wie können solche strafrechtlichen Ahndungen durchgeführt werden, falls strafrechtliche Konsequenzen gezogen werden können?
18. Welche Heilmittel und -methoden sind gegebenenfalls auf Schädlichkeit und Nützlichkeit zu überprüfen und welche nicht?
19. Gibt es eine Berechtigung, bestimmte Heilverfahren auszusondern und

zu überprüfen und andere unüberprüft zu lassen?
20. Wie kann zwischen überprüfungs- und nichtüberprüfungswürdigen Heilverfahren unterschieden werden?
21. Können Auswahlen für die Überprüfung begründet werden, wenn es keine sichere Unterscheidungsmöglichkeit zwischen überprüfungs- und nicht überprüfungswürdigen Heilverfahren gibt?
22. Welche Unterschiede bestehen zwischen Heilmitteln und anderen Heilmethoden oder -verfahren?
23. Berechtigen diese bestehenden Unterschiede dazu, Heilmittel einer Überprüfung zu unterziehen und andere Heilmethoden unüberprüft zu lassen?
24. Ist es berechtigt, manche Mittel und Methoden zu überprüfen, andere nicht, und wie ist gegebenenfalls entscheidbar, wann zu überprüfen ist und wann nicht?
25. Worauf wird die Überprüfungsbedürftigkeit von Heilmitteln begründet?
26. Haben alle Heilmittel schädigende oder wesentlich schädigende Nebenwirkungen, deretwegen Überprüfungsbedürftigkeit begründet werden kann und wird?
27. Sollte gegebenenfalls Überprüfungsbedürftigkeit auf mit wesentlichen schädigenden Nebenwirkungen behaftete Heilmittel beschränkt werden, wenn es auch nicht so behaftete Heilmittel gibt?
28. Wie sind gegebenenfalls diese beiden Heilmittelarten generell und konkret effektiv zu unterscheiden und unterschiedlich zu benennen?
29. Wie sind überhaupt wissenschaftliche Nachweise durchzuführen?
30. Stimmen die in der geltenden Heilmittel-Nachweismethodik verwendeten Verfahren mit dem wissenschaftlichen Stand der Nachweismethodik überein oder nicht?
31. Genügen die mit der Überprüfung beauftragten Experten diesem Wissenschaftsstand oder nicht?
32. Haben sie von diesem Wissenschaftsstand Kenntnis oder nicht?
33. Worauf hin dürfen Staatsvertreter die von ihnen ausgewählten Überprüfer mit der Überprüfung beauftragen, falls deren Kenntnisse und Methoden nicht den erreichten derzeit bestmöglichen Stand der Nachweismethodik entsprechen?
34. Sind sich die zuständigen Staatsvertreter im klaren, daß sie hiermit einem Problem begegnen könnten, daß sie möglicherweise nicht wahrgenommen oder verdrängt haben?
35. Ist eine solche möglicherweise zustande gekommene Verdrängung zuläs-

sig, oder ist sie gegebenenfalls strafrechtlich zu ahnden?
36. Ist von zuständigen Staatsvertretern und von diesen beauftragten Überprüfern ausreichend Sorgfalt betrieben worden, um Fallen, die sich ergeben können, zu vermeiden?
37. Sind ausreichend sachrichtige Entscheidungen möglich, wenn mit der verwendeten Nachweismethodik exakte eindeutige Resultate nicht zu gewinnen sind?
38. Darf als Ersatz für nicht gewinnbare eindeutige Resultate auf statistische Nachweismethoden ausgewichen werden?
39. Worin unterscheiden sich die mit statistischer Methodik gewinnbaren Resultate von solchen, die eindeutig gewinnbar sind?
40. Können die statistisch gewonnenen Resultate eindeutigen Resultaten gleichwertig sein und eine ausreichende Grundlage für sachrichtige Entscheidungen liefern?
41. Können an verschiedenen Probanden = zu Nachweisversuchen verwendeten Individuen, wie Tieren und Menschen, gewonnene Resultate zu einem Gesamtresultat vereinigt werden, das sichere Entscheidungen ermöglicht?
42. Wird mit den geltenden Nachweismethoden erreicht, was als zu erreichen möglich vorgegeben wird?
43. Werden Nachweise vorgegaukelt, die tatsächlich solche garnicht sind?
44. Falls dies der Fall sein sollte, täuschen die medizinischen Experten oder die Politiker etwas vor, das heißt, geben sie etwas als gesichert an, was garnicht stimmt?
45. Welche Motivation führt zu einem solchen Verhalten, falls dies der Fall sein sollte? Sind die entscheidenden Politiker Betrogene, oder wollen sie auf Betrug eingehen und der Wahrheit engegenhandeln?
46. Was läßt sich mit der geltenden Nachweismethodik als statistisch signifikant nachweisen und was nicht?
47. Welche Methodik wird für die Interpretation statistischer Resultate verwendet?
48. Ist die verwendete Interpretationsmethodik ausreichend und sachrichtig oder nicht?
49. Reichen statistische Nachweismethoden, um ein angebliches Heilmittel als schädlich oder nützlich zu erweisen oder nicht?
50. Dürfen Entscheidungen zu Verboten und Zulassungen allein auf die Ergebnisse der geltenden Nachweismethoden gestützt werden oder nicht?

51. Werden die Nachweise und Entscheidungen bisher gemäß der geltenden Methodik durchgeführt oder nicht?
52. Welche Vorkehrungen werden getroffen, um Fehlentscheidungen sicher zu vermeiden?
53. Sind diese Vorkehrungen ausreichend oder verbesserungsbedürftig?
54. Können sie überhaupt ausreichend gemacht werden?
55. Was erfolgt, wenn Kritiker Fehlentscheidungen beanstanden?
56. Wird solchen Kritiken mit gebührender Sorgfalt nachgegangen, und werden alle kritischen Einwände so sachrichtig und vollständig widerlegt, daß keine berechtigten Zweifel übrig bleiben?
57. Sind solche berechtigten Zweifel überhaupt stets ausräumbar?
58. Wie sollte verhalten werden, wenn berechtigte Zweifel bestehen bleiben?
59. Wird so verhalten, wie verhalten werden sollte oder nicht?
60. Ist es überhaupt möglich, sichere Nachweisresultate zu gewinnen?
61. Reichen gewinnbare Nachweisresultate aus, um angebliche Heilmittel zu verbieten?
62. Wieweit reichen solche sicheren Nachweisresultate, wenn es sie gibt?
63. Sind Entscheidungen auf Fälle zu beschränken, in denen sichere Nachweisresultate erbracht werden können?
64. Dürfen darüber hinaus Entscheidungen auch in Fällen erfolgen, in denen keine sicheren Nachweisresultate erbracht werden können?
65. Bewegen wir uns in dem zu beurteilenden Problembereich auf wissenschaftlich gesichertem Boden, oder schwimmen wir in verworrenen Vorstellungen, Mutmaßungen und Illusionen?
66. Wieweit dürfen die Tierversuche durchgeführt werden und sind sie ethisch vertretbar?
67. Wieweit sind die Ergebnisse von Tierversuchen auf Menschen übertragbar?
68. Werden Versuchstiere meist oder stets so ausgewählt, daß die Versuchsergebnisse bestmöglich auf Menschen übertragen werden können?
69. Wieweit ist es für Menschen sinnvoll, die Ergebnisse von Tierversuchen zu verwenden?
70. Wie weit sind Heilmittelwirkungen an Menschen und Tieren gleich, ähnlich oder verschieden?
71. Wieweit ist ausschaltbar, daß erheblich verschiedene Wirkungen zum Nachteil für Menschen auf Menschen übertragen werden?
72. Kann eine alleinige Nachweismethodik an Menschen Tierversuche und

ihre teilweise zweifelhaften Ergebnisse überflüssig machen, oder ist es besser, die allein nicht ausreichenden Methoden an Tieren und Menschen zu kombinieren, um annähernd gesicherten Resultaten näher zu kommen?
73. Ist das randomisierte Doppelblindverfahren als Nachweismethodik geeignet oder nicht?
74. Für welche Fälle ist es ungeeignet, wenn es generell oder für viele Fälle geeignet ist?
75. Reicht es zu für die Öffentlichkeit und die betreffenden Bürger verbindlichen Entscheidungen aus, wenn Versicherungen angeblicher Experten, das genannte Verfahren reiche aus und sei das bestmögliche, unkritisch und vorbehaltlos einfach übernommen werden?
76. Wurde diese kritische Überprüfung der genannten Versicherungen durchgeführt, oder sind sich die entscheidenden Politiker ihrer Verpflichtung zu dieser kritischen Überprüfung nicht bewußt?
77. Welche strafrechtlichen Folgen ergeben sich, wenn solch mangelndes Bewußtsein wirksam sein sollte?
78. Ist Verblindung ein geeignetes Mittel zur Erkenntnis, oder bedarf die Erkenntnis umgekehrt des Verfahrens, die Augen offenzuhalten, um Fakten wahrzunehmen und nicht auf Fikten hereinzufallen?
79. Wieweit ist es ethisch vertretbar, Patienten mit Placebos zu versorgen und so ohne Heilmittelbehandlung zu belassen?
80. Gibt es besser wirkende Heilverfahren, die ohne solche Benachteiligung von Patienten nach Zufall durchführbar sind?
81. Ist die geltende und vorgeschriebene Nachweismethodik auf alle Heilmittel anwendbar, oder nur auf bestimmte, auf andere nicht?
82. Wie ist es möglich, eine Nachweismethodik für Heilmittel vorzuschreiben, deren Wirksamkeit mit der vorgeschriebenen Methodik garnicht überprüft werden kann?
83. Liegt, wenn eine Vorschrift für untaugliche Objekte erfolgt, grobe Fahrlässigkeit vor?
84. Ist der Grad dieser Fahrlässigkeit so hoch, daß strafrechtliche Ahndung unerläßlich ist?
85. Wie ist, falls ein solches fahrlässiges Verhalten vorliegt, dies psychologisch und soziologisch zu erklären?
86. Welche Maßnahmen müßten ergriffen werden, um ein derart fahrlässiges Verhalten künftig zu verhindern?
87. Gibt es individuelle Krankheitserscheinungen, die mit krankheits- oder

generalkrankheitssymptom spezifischen Heilmitteln nicht behandelbar sind?
88. Gibt es individualspezifische Heilmittel, mit denen solche individuellen Krankheitserscheinungen erfolgreich behandelt werden können?
89. Welche Stellung genießen solche Heilmittel in der wissenschaftlichen Forschung und Lehre?
90. Ist die Wirksamkeit solcher individuellen Heilmittel nachweisbar?
91. Wie kann der Wirksamkeitsnachweis für solche Heilmittel erfolgen?
92. Lassen sich auf Grund solcher Wirksamkeitsnachweise einwandfreie oder mehr oder weniger gesicherte Entscheidungen für Verbote und Zulassungen von Heilmitteln führen?
93. Kann eine Methode zum Wirksamkeitsnachweis individueller Heilmittel erbracht werden?
94. Kann sie, wenn sie erbracht werden kann, in Wissenschaft und Praxis heimisch gemacht werden?
95. Welche Widerstände gibt es dagegen, und welchen Grund haben solche etwaigen Widerstände?
96. Wer ist für den Wirksamkeitsnachweis individueller Heilmittel zuständig?
97. Wem darf vorgeschrieben werden, solche Wirksamkeitsnachweise zu führen?
98. Wodurch kam es, daß solche Wirksamkeitsnachweismethoden nicht längst bekannt und in Wissenschaft und Praxis heimisch sind?
99. Warum werden individuell ausgerichtete Heilweisen in der offiziellen Medizin kaum geübt?
100. Sind für eine möglichst wirksame Behandlung der Patienten individuell ausgerichtete Heilweisen zweckmäßig und gegebenenfalls auch richtig?
101. Welche Fehlentwicklungen der Medizin haben gegebenenfalls zu einem in dieser Richtung bestehenden Manko geführt?
102. Darf das allein geltende Verfahren für Wirksamkeitsprüfung auf alle Heilmittel angewendet werden?
103. Ist es ethisch, rechtlich und medizinisch zulässig, Heilmittel zu verbieten, nur weil sie ein juristisch, bürokratisch vorgeschriebenes Nachweisverfahren nicht durchlaufen haben?
104. Besteht eine solche Berechtigung auch dann, wenn Heilmittel die verboten werden sollen, mit den vorgeschriebenen Verfahren garnicht hin-

sichtlich ihrer Wirksamkeit überprüfbar sind?
105. Trifft hierfür Shakespeares Ausdruck im „Hamlet": „Zwar ist dies Wahnsinn, doch der Wahnsinn hat Methode" zu?
106. Warum wird das nur krankheitsspezifisch ausgerichtete Wirksamkeitsnachweisverfahren auch für individuell wirksame Heilmittel gefordert, obwohl seit mindestens 20 Jahren bekannt ist, daß diese Mittel so nicht überprüfbar sind?
107. Warum wird die Pflicht des Wirksamkeitsnachweises denen auferlegt, die seiner nicht bedürfen, statt denen, die ihn wünschen?
108. Genügt für die Handhabung von Heilweisen die Erfahrung der sie Anwendenden und der sie Erfahrenen oder nicht?
109. Warum drängeln sich ungebetene Dritte dazwischen?
110. Sind diese ungebetenen Dritten, die über alles bestimmenden Staatsvertreter, dafür zuständig oder nicht?
111. Warum werden sie nicht zur Rechenschaft gezogen, wenn sie tatsächlich garnicht zuständig sind und von dem, worüber sie entscheiden, nichts verstehen?
112. Wer ist an einem sich möglicherweise bildenden Unheil für die gesamte Bevölkerung interessiert?
113. Ist es nötig, sich so zu blamieren, wie man kann?
114. Wurde eine andere Nachweismethodik als die behördlich vorgeschriebene tatsächlich nicht geliefert, oder ist die Behauptung, daß sie nicht geliefert wurde, unzutreffend?
115. Welche Irrtümer spielen möglicherweise für die Leugnung anderer Nachweismethodik eine Rolle?
116. Ist es nötig, eine Nachweismethodik dem Staat anzuzeigen?
117. Ist es besser, solche Anzeigen zu unterlassen, um staatlichem Mißbrauch keinen Vorschub zu leisten?
118. Wie kann staatlicher Mißbrauch verhindert werden?
119. Besteht Chancengleichheit zwischen den verschiedenen Heilmitteln und -methoden?
120. Ist eine solche Chancengleichheit zweckmäßig und erforderlich?
121. Wie kann sie hergestellt werden, wenn sie nicht besteht?
122. Wird diese Chancengleichheit durch die vorgeschriebene Nachweismethodik gefördert, behindert oder gar unmöglich gemacht?
123. Ist es berechtigt, homöopathischen Einzelmitteln die Wirkungsnachweispflicht zu erlassen, während sie homöopathischen Komplex-

mitteln und anderen Heilmitteln auferlegt wird?
124. Ist Homöopathie positiv wirksam oder vorgegaukelter Humbug?
125. Welche Heilmittel und -methoden sind wert, in den Bereich einer wissenschaftlich kontrollierten Medizin aufgenommen zu werden und welche nicht?
126. Sind Anerkennungen von Heilmitteln und -methoden von Vorliebe und Geschmack oder von anderen Kriterien abhängig zu machen?
127. Warum werden Heilwässer, Wasser, Nahrung, Physio- und Psychotherapie nicht wie andere Heilmittel der gleichen Wirknachweispflicht unterzogen?
128. Gerät die bürokratisch verordnete Nachweispflicht in Konflikt mit der demokratisch garantierten Freiheit der Religionsausübung?
129. Ist es richtig, den herstellenden Unternehmen die Wirknachweispflicht aufzuerlegen, oder haben sich die entscheidenden und bestimmenden Staatsvertreter an die falsche Adresse gewendet?
130. Ist es erforderlich, die derzeit geübte Praxis der Wirknachweisprüfung auf ihre Zulässigkeit zu überprüfen oder nicht?
131. Genügen Argumente, um verfehlte Maßnahmen zu korrigieren?
132. Oder genügt die Macht bürokratisch erreichter Fakten, um Argumente unbesehen zu ignorieren?

Um Probleme lösen zu können, ist entscheidend, sie zu sehen und damit als solche zu erkennen. Werden sie erkannt, und wird ihre Bedeutung richtig gewichtet, ist auch schon die Hälfte der Problemlösung erreicht. Intelligente und mit der behandelten Problematik einigermaßen Vertraute können zu einem großen Teil aus den vorstehend gestellten Fragen ihre Antworten ungefähr ermitteln, obwohl diese Fragen keinesfalls etwa verfälschende Suggestivfragen sind. Bezüglich dieser Fragen ergibt sich die Problematik, ob sie einigermaßen richtig gestellt und vollständig sind.

Wer Fehler zu entdecken oder Ergänzungen erbringen zu sollen meint, möge sich melden, um dadurch die erforderliche Untersuchung weiter zu verbessern. Wer die gestellten Fragen entrüstet als unerlaubte Provokationen zurückweist, disqualifiziert sich selbst als zu ernsthafter Diskussion nicht befähigt. Die Fragen betreffen weit unterschiedene Sachbereiche: Medizin, Politik, Recht, Ethik, Erkenntnis, Wissenschaft, Praxis generell. Den Zusammenhang der Problematik in diesen ganz verschiedenen Sachbereichen zu sehen, zu wahren und zu behandeln, ist unerläßlich: Neben separierender Untersuchung einzelner Probleme sind Ganzheits- und Gesamtbehandlung nötig, um zu brauchbarer und dringend benötigter Problemlösung zu gelangen. Wer es sich einfach macht und auf Teillösungen beschränkt, kann zu keiner ausreichenden Problemlösung kommen und würde der Bevölkerung schweren Schaden zufügen, wenn er seine Teillösungen als ausreichend ausgibt und sich daran beteiligt, die unbedingt erforderliche Gesamtlösung zu verhindern. In diesem Sinne wird an die Untersuchung herangegangen, um die gestellten Fragen soweit als möglich zu beantworten und die vorliegende Gesamtproblematik zu lösen.

Der Gang der Untersuchung wird so gelenkt, daß zunächst naheliegende medizinische Fragen behandelt werden und danach auf fernerliegende, komplexe und grundsätzlichere Probleme übergegangen wird. Somit wird in der Untersuchung und Beantwortung von der Reihenfolge der gestellten Fragen abgewichen. Diese Reihenfolge ergab sich aus dem vorangegangenen ersten Kapitel, in dem die vorliegende Problematik kurz übersichtlich aufgezeigt wurde. Um Wiederholungen zu vermeiden, werden die jeweils behandelten Probleme mit der Nummer in der Liste der gestellten Fragen angegeben.

Der Gang der Untersuchung wird zweckmäßig so gestaltet, daß zunächst die wesentlichen Kernprobleme angegangen und möglichst gelöst werden, wodurch dem Leser der zur Beurteilung der Gesamtproblematik benötigte Überblick verschafft wird. Die Kernprobleme werden mit medizinischen begonnen, mit den grundsätzlichen wissenschaftlichen und erkenntnistheoretischen fortgesetzt und mit politischen, ethischen und juristischen beendet. Daran kann sich die Erörterung der vielen speziellen Probleme anschließen, die in den gestellten Fragen enthalten sind.

3. Die Methodik zum Nachweis der Wirksamkeit individueller Heilmittel- und verfahren.

In diesem Kapitel werden die **Fragen 90 – 93** beantwortet.

Unter den Heilmitteln für die der Wirksamkeitsnachweis nach bürokratisch vorgeschriebener Methode nicht erbracht wurde, nehmen die auf individuelle Krankheitserscheinungen wirkenden Heilmittel eine herausragende Stellung ein. Die wegen fehlenden Wirksamkeitsnachweises vom Verbot bedrohten Heilmittel bilden keine einheitliche Gruppe. Meist werden sie unter der Bezeichnung „Naturheilmittel" zusammengefaßt, aber ebenso wie sogenannte Naturheilmittel sind auch nicht sogenannte andersartige Mittel betroffen und akut bedroht. Die Naturheilmittel sind auch nicht von anderen Mitteln eindeutig abgegrenzt und bilden selbst auch keine einheitliche Gruppe. Eine solche weit umfassende bilden die individuell wirkenden Heilmittel, zu denen viele sogenannte Naturheilmittel gehören, aber viele andere wiederum auch nicht.

Die bekanntesten individuell wirkenden Heilmittel sind die homöopathischen. Eine weitere Gruppe sind alle mittels Elektroakupunktur individuell als wirksam ausgetesteten Heilmittel, egal zu welcher Heilmittelgruppe diese sonst zählen. So individuell ausgetestete Mittel können sowohl homöopathische wie sogenannte allopathische sein und andersartige, wie Nosoden und sonstwelche.

Auch individuelle Heilwirkungen können verschiedenartig zustande kommen, so daß je nach Lage der Nachweis der Wirksamkeit in verschiedener Weise zu erbringen ist: So gibt es Krankheitserscheinungen, zu denen Individuen neigen, so daß solche Erscheinungen von Zeit zu Zeit immer wiederkehren, und wiederum andere, die durch Verkettung der Krankheitentwicklungen einmalig oder nur dann und wann gelegentlich auftreten. Für diese beiden verschiedenen Gruppen von Symptomen = Krankheitserscheinungen sind die Aussichten, gesicherte Wirksamkeitsnachweise zu gewinnen, naturgemäß sehr unterschiedlich.

Die erste Gruppe bietet dafür wesentlich bessere Chancen als die zweite. Wenn Symptome immer wiederkehren und immer wieder mit dem gleichen Mittel therapiert = wirksam beseitigt werden, sind für den Wirksamkeitsnachweis geradezu ideale Bedingungen gegeben. In solchen Fällen kann der

Wirksamkeitsnachweis ebenso eindeutig erbracht werden wie für generell krankheits- oder krankheitssymptomspezifische Mittel, die meist mehr oder weniger prompt für ziemlich jeden betroffenen Patienten wirken. Im Schnitt ist sogar der Wirksamkeitsnachweis individuell wirkender Mittel überlegen, aus dem einfachen Grunde, weil ein Individuum nicht einen solchen Grad an Differenzen aufweist wie eine große Gruppe von Individuen oder gar die aller Menschen. In der Wirkung generell ausgerichteter Mittel ergeben sich Differenzen in der Wirkung auf verschiedene Menschen und in verschiedenen Lagen. Auch recht prompt für viele Menschen und Fälle wirkende Mittel versagen des öfteren, so daß die sonst prompte Wirkung nicht so eintritt. Solche Versager kommen zustande, wenn im betreffenden Fall Verhältnisse vorliegen, die von denen abweichen, in denen die prompte Wirkung eintritt. Die Wirkung individuell wirkender Mittel tritt im Schnitt für die betreffenden Individuen noch prompter ein, so daß an der positiven Wirkung solcher Mittel kein berechtigter Zweifel bestehen bleiben kann. Das dem so ist, steht außer Frage und kann von jedem dazu fähigen Behandler nachgewiesen und von seinen Patienten und Beobachtern, die sich der Mühe der Beobachtung unterziehen, bestätigt werden.

Daß diese Fakten von den angeblichen Wissenschaftsexperten und den für die entscheidende Bearbeitung zuständigen Politikern nicht erkannt, registriert und anerkannt wurden, ist ebenso befremdlich wie dies dokumentiert, daß die als wissenschaftliche Experten herangezogenen Gutachter den Nachweis ihrer Fähigkeit, ausreichend Wissenschaft zu betreiben, nicht erbracht haben. Sofern sie tatsächlich die Befähigung für bestimmte wissenschaftliche Arbeiten erwarben, reichte diese Befähigung mit Sicherheit nicht dazu aus, die Wirksamkeit aller Heilmittel zu beurteilen, wozu sich diese Experten unberechtigt anheischig machen.

Eine prompte Wirkung auf wiederkehrende Krankheitssymptome entfalten in besonders hohem Maße homöopathische Mittel. Dies ist auch einer der wirksamsten Gründe, weswegen viele Ärzte und Patienten sich mehr zu homöopathischer Behandlung hingezogen fühlen als zu vielen anderen Naturheilverfahren. Unter diesen hat dadurch die Homöopathie eine besonders ausgedehnte Verbreitung. Die genannte prompte Wirkung ist auch ein Beweis dafür, daß die Homöopathie wirksam ist. Diese Wirkung ist auch nicht wie von vielen, die nichts davon verstehen, immer wieder behauptet wird, dadurch erklärbar, daß ein homöopathisches Mittel wie ein Placebo wirke. Das dem nicht so ist, läßt sich dadurch eindeutig entkräften, daß ein verabreichtes Placebo tatsächlich nicht den Effekt zeitigt, den das homöopathische Mittel bewirkt.

Die prompt immer wiederkehrende Wirkung ist herausragend für homöopathische Einzelmittel charakteristisch. Dies rührt daher, daß die Wirkung auf ein zirkumskipt einzelnes Symptom auch einen einzelnen Grund = eine einzige zirkumskipte Ursache hat, die in dem Einzelmittel vorliegt. Deswegen besteht die Annahme, daß der Wirksamkeitsnachweis für homöopathische Einzelmittel generell erbracht ist, zurecht. In Komplexmitteln hinzugefügte andere Mittel haben auch wieder andere Wirkungen. Daraus ergibt sich natürlich nicht, daß solche Komplexmittel im Gegensatz zu homöopathischen Einzelmitteln nicht positiv wirksam seien.

Die gleiche Wirkung wie Homöopathika entfalten natürlich auch andere individuell wirkende Heilmittel. Ich hatte eine Patientin, die von Zeit zu Zeit in unmotivierte Unlustausbrüche geriet. Sie fiel mir dann schon im Sprechzimmer durch laute schlecht artikulierte akustische Signale im Wartezimmer auf. Ich behandelte sie jedesmal mit prompter Wirkung mit der sogenannten Gegensensibilisierung nach Professor **Theurer**. Dabei wird das Patientenblut in einer dem homöopathischen Verfahren ähnlichen Weise verdünnt und eine ausgetestete Verdünnung gespritzt.

Individuelle Heilwirkungen sind bekanntlich nicht auf Heilmittel beschränkt, sondern es gibt viele andere individuell wirkende Heilverfahren. Eins der bekanntesten und verbreitetsten dieser Verfahren ist die Massage. Immer wiederkehrende Unterhautbindegewebsrheumaschmerzen werden durch Massagen prompt entweder beseitigt oder doch deutlich gebessert. Deswegen sind die Masseure, die sich individuell in die Symptomatik des Patienten hineintasten, denen in der Wirkung überlegen, die nur eine gelernte generelle Massageweise stereotyp zur Anwendung bringen. So entwickeln die Patienten individuelle Schmerzpunkte, die örtlich gezielt therapiert werden können. Solche Schmerzpunkte können fühl- und hörbare zusammengezogene sogenannte Gelosen sein, oder außerhalb solcher faßbaren krankhaften Bildungen auftreten. An dieser Stelle beobachten wir den Übergang zwischen immer wiederkehrenden und wechselnden Krankheitssymptomen. Der Weichteilrheumaschmerz ist das immer wiederkehrende Symptom, das mit Massage prompt wirksam therapiert wird. Wo aber solche Schmerzen und Gelosen lokalisiert sind, wechselt. Diesen Wechsel kann der Behandler dadurch überwinden, daß er die jeweiligen Hauptkrankheitsorte gezielt ertastet und therapiert.

Ebenso werden mit Heilmitteln wechselnde individuelle Krankheitssymptome therapiert. Mit bestimmten Testverfahren, so in Homöopathie und Elektroakupunktur, ebenso in vielen anderen Heilweisen, werden die Symptome gezielt erfaßt und therapiert, so daß in all diesen Verfahren Diagnostik und Therapie eine organische Einheit bilden, in der die Therapie die unmittelbar folgende folgerichtige Anwendung der Diagnostik ist.

Auch in solchen Fällen ergibt sich der Wirksamkeitsnachweis aus der prompten positiven Wirkung, die natürlich nur dann eintritt, wenn richtig diagnosziert wurde und die Therapie ausreicht, um die angestrebte Wirkung zu erzielen. Da es sich hier stets um Einzelerfolge handelt, lassen sie sich viel schwerer übersehen und statistisch auswerten als für die Fälle wiederkehrender Symptomatik und positiv wirksamer Therapie. Diese letztgenannten Fälle lassen sich leicht statistisch aufarbeiten und ergeben dann einen hohen Grad an Signifikanz.

Diese prompten individuellen Wirkungen sind statistisch und wirkungsnachweismäßig prompten generellen Wirkungen ähnlich gelagert, doch bestehen zwischen beiden Wirksamkeitsnachweismöglichkeiten auch bezeichnende Unterschiede: Während sich für generell wirkende Mittel positive und negative Nachweise erbringen lassen, können für die individuellen Wirkungen nur positive Nachweise erbracht werden. Tritt der Erfolg nicht ein, kann ausgesagt werden, daß in dem probierten Fall ein gewähltes Mittel individuell nicht paßte und so unwirksam war = negativ wirkte, nicht aber, daß es generell unwirksam wäre und deswegen verboten gehörte. Wenn es in diesem Fall unwirksam war, kann daraus nicht gefolgert werden, daß es auch in anderen Fällen unwirksam ist. Vielmehr kann es in anderen Fällen hochwirksam sein, nämlich dann, wenn es individuell paßt, obwohl es in dem erprobten Fall unwirksam war. Um ein individuell wirkendes Mittel als unwirksam nachzuweisen und auf die Verbotsliste zu setzen, müßten alle möglichen Fälle untersucht werden und deren Untersuchung die Unwirksamkeit ergeben. Da nicht alle Fälle untersucht werden können, ist es generell unmöglich, individuelle Mittel als unwirksam nachzuweisen und berechtigt zu verbieten. Wenn Derartiges dennoch durchgeführt wird, ist damit der gesicherte Nachweis erbracht, das so Entscheidende sich in einem Zustand naiver Unwissenheit befinden und keine Ahnung davon haben, welcher logischen Absurdität sie sich schuldig machen.

Generell unmöglich ist, die Unwirksamkeit individueller Mittel nachzuweisen. Es kann ausschließlich ihre Wirksamkeit nachgewiesen werden. Demgemäß können grundsätzlich keine Verbote individueller Heilmittel berechtigt verfügt werden. Da es für diese Mittel überhaupt nur Zulassungen und keine berechtigten Verbote geben kann, **sind Zulassungsverfahren für diese Mittelgruppe völlig überflüssig und sinnlos.** Wer solche Fakten nicht wahrnehmen und die sich ergebenden logischen Folgerungen nicht ziehen kann, ist offensichtlich ungeeignet, als Sachverständiger oder als entscheidender Politiker zu fungieren.

Darüber hinaus sind in diesem Bereich weitere schwerwiegende Unsinnigkeiten aufgetreten. Verbote lassen sich lediglich dann motivieren, wenn Schäden bewirkt werden, nicht aber wenn erhoffte Wirkungen ausbleiben. **Ein Nachweis fehlender Wirkung kann nie ein Verbot rechtfertigen. Von Belang kann** nicht der Nachweis fehlender Wirkung, sondern **nur der Nachweis tatsächlich bewirkten Schadens sein.** Schon **aus diesem einfachen Grund ist eine Wirkungsnachweispflicht** von vornerein **sinnwidrig**, falsch, unberechtigt, **unzulässig.** Lediglich der Nachweis, daß mit einem Mittel überwiegend Schaden erzeugt wird, kann als erforderlich motiviert werden. Für homöopathische und ähnliche Mittel behaupten landläufige Kritiker, daß sie unwirksam seien oder wie ein Placebo, das heißt, durch Einbildung des Patienten, wirkten. Wenn sie nach dieser Annahme unwirksam sind, können sie auch keinen Schaden bewirken. Ein Schaden könnte allenfalls dadurch entstehen, daß durch die Einnahme eines unwirksamen Mittels die eines wirksamen verabsäumt wird. Derartige vage und an den Haaren herbeigezerrte Argumente können unmöglich ein Verbot eines angeblich unwirksamen Mittels begründen. Zumindest müßte dafür auch eine dem geltenden Nachweisverfahren analoge statistische Aufarbeitung durchgeführt werden und signifikant sichergestellt sein, daß auf diese Weise um Ecken ein angeblich unwirksames Mittel doch noch eine schädliche Wirkung entfaltet. Schon die Aufzählung der sich in diesem Bereich abspielenden Monstrositäten dokumentiert, welche irrealen Hexenwahn analoge Kräfte hier am Werke sind.

Tatsächlich sind homöopathische und viele andere selten von schädigenden

Nebenwirkungen begleitete Mittel wirksam. Aber es wurden von ihnen keine schädlichen Wirkungen beobachtet oder höchst selten. Selbst von den Kritikern dieser Mittel, die sie für Humbug halten, wird nicht behauptet, daß sie Schäden bewirkten, sondern lediglich, sie seien wirkungslos, damit aber auch harmlos.

Nach vorstehend Ausgeführtem ist die **Antwort auf** die gestellte **Fragen 90 - 93: Eine Methode zum Wirksamkeitsnachweis individuell wirkender Heilmittel kann erbracht werden.** Diese Methode besteht für auf gleichartig wiederkehrende Krankheitserscheinungen wirkende Mittel darin, ihre Erfolge zu dokumentieren, zu demonstrieren und mit optimaler Signifikanz statistisch zu sammeln, für auf nichtwiederkehrende individuelle Krankheitserscheinungen wirkende Mittel ihre Wirksamkeit zu demonstrieren, zu dokumentieren und so ermittelbare **Dokumentationen statistischer Aufarbeitung zu unterziehen.** Die Besonderheit des Wirksamkeitsnachweises **für individuell wirkende Mittel** besteht darin, daß er **nur im Falle positiver Wirksamkeit geführt werden kann.**

Der Wirksamkeitsnachweis gründet sich auf sorgfältig beobachtende Erfahrung und kann durch Verblindung und Randomisierung nicht erfolgen.

4. Brauchbarkeit und Wert der geltenden und vorgeschriebenen Methodik zum Nachweis der Wirksamkeit von Heilmitteln.

In diesem Kapitel werden die gestellten **Fragen 12, 42, 44, 73-76, 78, 79, 81 - 83** beantwortet.

Damit die geltende und vorgeschriebene Methodik zum Nachweis der Wirksamkeit von Heilmitteln brauchbar, richtig und zulässig ist, muß sie leisten, was mit ihr zu leisten vorgegeben wird: daß mit ihr die Wirksamkeit von Heilmitteln so zuverlässig zu ermitteln ist, daß danach sicher sachrichtige Entscheidungen für Zulassungen und Verbote von Heilmitteln gefällt werden können.

Dies ist jedoch
1. mit Sicherheit nicht der Fall,
2. den zuständigen medizinischen Experten und den auf sie bauenden Politikern zum einen Teil bekannt, daß es nicht der Fall ist, während es von ihnen zum anderen Teil nicht erkannt und abgeleugnet wird.

Die beiden so verschieden gelagerten Teile betreffen
1. individuell wirkende Heilmittel, das sind solche, die auf besondere individuelle Krankheitserscheinungen einwirken,
2. generell wirkende Heilmittel, die Krankheits- oder krankheitssymptomspezifisch wirken und damit überall bei zumindest den meisten Menschen in gleicher oder ähnlicher Weise.

Die geltende und für alle Heilmittel vorgeschriebene Wirksamkeitsmethodik ist ausschließlich für die 2. Gruppe von Heilmitteln entwickelt und verwendbar. Deswegen wurde im vorangegangenen Kapitel die für die 1. Gruppe gültige Methodik genannt. Daß die vorgeschriebene Methodik nur wie angegeben gilt, also für die erste Gruppe überhaupt nicht, ist den Experten und Politikern seit mindestens 20 Jahren bekannt, weswegen ja die damals vorgesehenen Heilmittelverbote ausgesetzt wurden. Die amtlich vorgeschriebene Methodik leistet also nicht, die Wirksamkeit aller Heilmittel zu erkennen, sondern mit Sicherheit nicht für einen großen Teil der Heilmittel, die individuellen.

Daß dennoch auch für diese Heilmittel die für sie unmöglich verwendbaren Methoden amtlich vorgeschrieben werden, ist sachlich und logisch absurd und damit unverantwortbar. Die dafür Verantwortlichen machen sich der Verhöhnung des gesunden Menschenverstandes der ihnen anvertrauten Bevölkerung schuldig.

Es ist völlig unmöglich, für individuelle Heilmittel Gruppen von Patienten zu bilden, von denen die eine Gruppe mit dem Heilmittel behandelt wird, die andere nicht. Diese Möglichkeit besteht nur für generell wirkende Mittel. Ein individuell wirkendes Mittel muß für jeden Menschen individuell ausgetestet werden, und von einem Patienten lassen sich nicht Gruppen von Patienten bilden. Eine derartige Forderung, so etwas zu tun, ist offensichtlich absurd. Experten und Politiker, die solche Absurditäten begehen, können keinen Anspruch auf Zutrauen mehr haben.

Von manchen wird allerdings behauptet, daß es individuell wirkende Heilmittel überhaupt nicht gäbe, sondern nur generell wirkende, obwohl individuell wirkende Heilmethoden allbekannt sind, so in der Phsysio- und Psychotherapie, wie bereits ausgeführt. Solche grobschlächtigen Behauptungen dokumentieren nur die Unkenntnis so Behauptender. Als vor etwa 100 Jahren eine schwedische Magd zum ersten Mal den Stockholmer Zoo besuchte und einen Elefanten sah, brach sie in den Ruf aus: „So was gibts ja garnicht." 1) Gegen heilige Einfalt ist schwer ein Kraut gewachsen, aber so Einfältigen wird kein Wahlbürger sein Schicksal anvertrauen.

Nachdem die geltenden Experten und Politiker somit bereits generell das Vertrauen in die von ihnen erlassene Vorschrift eingebüßt haben, ist zu untersuchen, ob diese Vorschrift wenigstens für die generell wirkenden Mittel, für die sie entwickelt ist, sachrichtig gültig ist oder etwa auch dafür nur bürokratisch gilt. Leider besteht auch für diese geläufigere Gruppe von Heilmitteln sachrichtige Gültigkeit nicht, wie von Helmut Kiene in einem Beiheft der angesehenen Münchner medizinischen Wochenschrift: Kritik der klinischen Doppelblindstudie 1993 einwandfrei und unwiderlegbar nachgewiesen wurde 2).

Zumindest theoretisch ist es möglich, mit der angegebenen Methodik richtig zutreffende Wirksamkeitsnachweise zu gewinnen, aber es ist unmöglich, zu entscheiden, ob im konkreten Fall tatsächlich so etwas geschah, oder ob sich diese oder jene möglichen Fehler in das Nachweisverfahren eingeschlichen hatten. Damit wird die generelle Zuverlässigkeit der vorgeschriebenen Nachweismethode auch für die generellen Mittel hinfällig, so daß diese Methode für den ihr zugehörigen Zweck als unbrauchbar erwiesen ist, und sie nicht berechtigt zulässig sein kann. Mit großer Subtilität, mit Akribie und vorbildlichem methodischem und logischem Aufwand hat Kiene hierfür den Nachweis geliefert. Um ihn vollständig zu verstehen und darüber hinaus auch zu begreifen, muß Kienes Schrift im Original nachgelesen werden. Hier können nicht sämtliche Feinheiten der Nachweisführung wiederholt, sondern muß auf eine Kurzangabe der wesentlichen Ergebnisse beschränkt werden. Jedem Unvoreingenommenen und an Wahrheitserkenntnis Interessierten wird aber bereits aus den summarischen Ergebnissen die gezogene Schlußfolgerung einsichtig werden. Als geeignet für einen solchen summarischen Bericht wird das Editorial der Münchener medizinischen Wochenschrift zu dem Heft von Kiene zitiert:

6 Gründe dagegen

Ein Ideal der herkömmlichen klinischen Forschung heißt: das subjektive Urteil von Arzt und Wissenschaftler muß eliminiert werden! Am ehesten wird dieses Ideal, so glaubt man, mit der Doppelblindmethode erreicht. Doch gibt es bei ihr 6 gewichtige Minuspunkte:

1) Die Verblindung ist, technisch gesehen, meist unmöglich...
2) Die Verblindung wird, auch wenn sie technisch machbar ist, häufig durchbrochen. Gerade bei wirksamen oder überlegenen Prüfmitteln ist dies der Fall, da deren Wirkungen als solche oft bemerkt werden und so zur Entblindung führen. „Philips Paradoxon" macht sich deshalb hier geltend: Je wirkungsvoller und überlegener ein Arzneimittel ist, desto weniger kann seine Wirkung oder Überlegenheit unter realen Blindbedingungen demonstriert werden.
3) Das Arzt-Patient-Verhältnis wird durch die Verblindung tiefgreifend gestört.
4) **Blindstudien können Arzneimittelwirkungen verschleiern und falsch-negative Ergebnisse erzeugen.** Es kann unter Blindbedingungen die Wirkung des stärkeren Mittels gedämpft und die Wirkung des schwächeren Mittels fälschlich gesteigert werden.
5) Arzneimittel-Placebo-Interaktionen können in Doppelblindstudien ungültige und unzuverlässige Ergebnisse erzeugen.
6) Die Verblindung kann sogar gefährlich werden. Prüft man nämlich ein nebenwirkungsbelastetes Medikament, so können nach Aufklärung der Pa-

tienten die Nebenwirkungen auch in der Kontrollgruppe auftreten - als toxische Placeboeffekte.
Hinsichtlich des 5. und 6. Minuspunkts gibt es zwei Möglichkeiten: Entweder sind die Placeboeffekte nur minimal, dann ist die Verblindung unnötig. Oder es sind die Placeboeffekte ausgeprägt: Dann aber können eben die Ergebnisse der Blindstudie unzuverlässig oder ungültig und die Verblindung gefährlich sein.
Fazit: Man sollte aufgeben, das subjektive Urteil von Arzt und Wissenschaftler aus der klinischen Forschung prinzipiell ausschalten zu wollen; vielmehr sollte man es bewußt einschalten und ausbilden.

Die ausgezeichnete Studie von Kiene fußt außer auf der eigenen Untersuchung auf Untersuchungen einer ganzen Reihe weiterer Autoren, deren literarische Darstellungen in der dem Editorial beigefügten Literaturliste vermerkt sind.Das Editorial sei zu deutlicherer Übersicht noch etwas gestrafft:

1. Verblindung ist technisch meist garnicht vollständig möglich.
2. Auch wenn technisch möglich, wird sie häufig durchbrochen.
3. Das Verhältnis zwischen Arzt und Patient wird durch sie gestört, damit die Wirkung von Heilen verringert.
4. **Durch Verblindungen können** Heilmittelwirkungen verschleiert = **falsche Ergebnisse erzielt werden.** Diese Verfälschung geht häufiger dahin, daß Wirkungen eines stärker wirkenden Mittels geringer, eines schwächer wirkenden Mittels stärker als sie tatsächlich vorhandenen sind erscheinen. Dadurch scheinen stark ausgeprägte Heilwirkungen nicht so deutlich wie sie es tatsächlich sind, und erscheinen weniger stark ausgeprägte Heilwirkungen stärker als sie tatsächlich sind. **Die bestehenden Unterschiede von Heilwirkungen werden eingeebnet und verschleiert, mit der Konsequenz, daß die besten Heilmittel nicht so ausgiebig verwendet werden, wie sie es verdienen und wie sie zum Nutzen der betroffenen Patienten verwendet werden müßten.**
5. und 6. treten noch allerhand weitere Fehler durch kompliziertere Entwicklungen zwischen verschiedenen sich im Nachweisverfahren bildenden Komponenten auf.

Die sich mittels oder aus ungenügender Kenntnis der vorgeschriebenen Nachweismethodik ergebenden überwiegendsten Fehler sind unter 4. angegeben.

Diese Fehler machen die vorgeschriebene Nachweismethodik auch für die generell wirkenden Heilmittel unbrauchbar. Sie ist damit generell unbrauchbar.

Ob sie möglicherweise für einige besondere Fälle unter entsprechendem Vorbehalt doch noch brauchbar genutzt werden kann, bedarf weiterer spezieller Untersuchung. Falls dies der Fall sein sollte, was durch eine spätere Untersuchung zu klären versucht werden könnte, kann dies nicht generell für alle Heilmittelwirksamkeitsnachweise gelten, so daß die generelle Beurteilung der vorgeschriebenen Nachweismethode möglich ist.

Die gestellten Fragen sind nach Vorstehendem eindeutig und gesichert beantwortbar. Die Fragen
12 und 42 mit: Nein,
43 und 44 mit: Ja.
73: **Das randomisierte Doppelblindverfahren ist als Nachweismittelmethodik nicht geeignet.**
74: Es ist für alle Fälle ungeeignet, zumindest zur Verwendung für Verbote und Zulassungen für Heilmittel.
75: Nein.
76: Eine genügende kritische Überprüfung wurde nicht durchgeführt. Es hat für Außenstehende den Anschein, daß sich die entscheidenden Politiker ihrer diesbezüglichen Verpflichtung nicht oder ungenügend bewußt sind.
78: Verblindung ist kein geeignetes Mittel zur Erkenntnis. Sie bedarf die Augen offen zu halten, um Fakten wahrzunehmen und nicht auf Fikten hereinzufallen.
79: Dies ist ethisch nicht vertretbar.
81: **Die vorgeschriebene Nachweismethodik ist nur auf generell wirkende Heilmittel anwendbar, auf individuell wirkende überhaupt nicht.**
82: Dies ist nur durch Ignoranz und Schlamperei möglich.
83: Ja.

Somit ist als gesichertes Ergebnis nachgewiesen:
Mittels der vorgeschriebenen Wirkungsnachweismethodik können sachrichtige Entscheidungen nicht sicher gefällt werden. Mit der geltenden Vorschrift wird unzulässig vorgegaukelt, was nicht sachrichtig stimmt.

Dies so klar und eindeutig erreichte Ergebnis wird durch viele Fakten und Argumente gestützt, die alle zum gleichen Ergebnis führen.

Einige der vielen diesbezüglichen Stimmen seien abschließend noch angefügt:

Der Psychotherapeut Günter Clauser 1956: „Arzneimittelprüfungen sollten auf keinen Fall deshalb kritiklos anerkannt werden, weil sie mit der doppelblinden Technik gewonnen werden. Ihr haften ähnliche Fehlermöglichkeiten an, wie allen übrigen klinischen Prüfungen. Eine Patentlösung zur Auschaltung psychischer Reaktionen von Arzt und Patient gibt es nicht." 3)

J. Hornung 1989: „Die Notwendigkeit einer Doppelblindanlage wird nicht aus empirischen Tatsachen abgeleitet, sondern... durch theoretische Argumente logisch begründet. Mit sehr ähnlich gelagerten Argumenten kann aber geschlossen werden, daß für psychisch beeinflußbare Therapien eine Doppelblindanlage unbrauchbar ist." 4)

Der diesbezügliche Hauptautor Helmut Kiene 1993: „Die geplante Aufgabe, durch Verfeinerung der Doppelblindmethode die spezifisch pharmakologischen Wirkungen der geprüften Arzneimittel zu isolieren und quantitativ zu erfassen, war gescheitert. Jedenfalls kann von einer Reproduzierbarkeit der Ergebnisse und von einer ausreichenden Verläßlichkeit des Prüfverfahrens keine Rede sein... Es scheint, als sei bei dem Bemühen um statistische Wirksamkeitsprüfungen eine gewisse Grauzone und Unschärfe unaufhebbar und auch durch die Verblindungstechnik nicht zu eliminieren. Das zentrale Problem ist, daß die Verblindung selbst die Ergebnisse verfälschen kann. Dieses Doppelblindproblem wurde von Ärzten und Methodikern seit ...1954...immer wieder erkannt oder geahnt." 5)

5. Stimmt die vorgeschriebene Methodik zum Nachweis der Wirksamkeit von Heilmitteln mit der generell richtig gültigen wissenschaftlichen Nachweismethodik überein oder nicht?

Hierin werden die gestellten **Fragen 29 - 34** beantwortet.

Die Vorschrift zur **Wirksamkeitsnachweisprüfung mittels randomisierter Doppelblindstudien** dient einem medizinischem Zweck oder soll einem solchen dienen. Die zur Prüfung vorgeschriebene Methode ergibt sich aber nicht, zumindest nicht nur, aus medizinischen Fakten, sondern soll zur Ermittlung solcher verwendet werden. Die Bildung der Methode mußte außermedizinisch oder auch außermedizinisch zustande kommen, demgemäß es **nicht ausschließlich in die Zuständigkeit von Medizinern fallen kann, die gewählte Methode zu beurteilen.** Um die Methode zu finden und zu wählen, mußten Mediziner auf ihrer Wissenschaft vorgelagerte Erkenntnis- und Wissenschaftsprinzipien zurückgreifen, so daß sich die Frage ergibt, ob dieser ihr Zugriff richtig = zutreffend oder falsch = unzutreffend, damit gegebenenfalls unzulässig erfolgte.

Bekanntlich setzen sich Erkenntnisse nicht automatisch durch. Viele Erkenntnisse stoßen auf Widerstände, sei es, daß ihre Anerkennung zur Schmälerung des Genusses von Privilegien führen könnte, sei es, daß sie bloß gängigen Denkschemen widersprechen, denen stur und unbeeindruckt durch Argumente gefolgt wird. Solche gängigen und herrschenden Denkschemen sind Ergebnisse verschiedenartiger Ursachen, die in der Bildung solcher Denkschemen zusammenwirken:

1. Viele kennen nur, was vernehmlich öffentlich angepriesen wird und keine damit konkurrierenden Alternativen. Sie halten dadurch das Gängige für selbstverständlich und richtig und erfahren keinen Anlaß, an ihm zu zweifeln.

2. Viele schlagen sich auf die Seite der stärkeren Bataillone, um so eher in den Genuß von Abfallendem zu kommen, und nicht in die Verlegenheit durch Abweichung Schäden zu erleiden.

3. Trägheit verleitet, mitzuschwimmen und sich mit keiner eigenen Kritik an Vorherrschendem zu belasten.

4. Solche Trägheit wird dadurch gefördert, daß vielen eigenes Denken beschwerlich ist, demgemäß Unlust erzeugt, die lieber vermieden wird.
5. Verdrängt wird meist eine der Hauptursachen: die Suggestion. Die meisten Menschen sind hochsuggestibel und folgen Suggestionen, die sie als solche nicht durchschauen. Sie wehren sich dann gegen von ihnen Einsuggeriertem Abweichendes, auch mit Erfindung noch so unsinniger Argumente, die sie in für sie suggestionsfreien Bereichen nie verwenden würden. Während sie in diesen zu richtigen logischen Folgerungen und Argumentationen fähig sind, setzt diese Fähigkeit für durch Suggestionen besetzte Bereiche aus, und es wird das Einsuggerierte im Gefühl moralischer Überzeugung mit unlogischen und sachlich unrichtigen Argumenten verteidigt. Der unter Suggestion Stehende ist unfähig, diese groben Unterschiede in seinem eigenen Verhalten wahrzunehmen, und ist sich des Fakts, unter Suggestion zu stehen, nicht bewußt. Daher können gesellschaftliche Zustände und historische Abläufe nicht sachrichtig erkannt und beurteilt werden, wenn diese sehr weitreichenden Fakten der Suggestion und Massensuggestion unberücksichtigt bleiben. So zeugt etwa die stereotype gängige Frage: „Wie konnten sich unsere Väter so verführen lassen?" von völliger Unkenntnis dieser wesentlichsten gesellschaftlichen Fakten. Der normale Mensch verhält sich, soweit er unter Suggestion steht, wie ein unter posthypnotischem Befehl Stehender. Diesem wurde in einer Hypnose ein Befehl erteilt, etwa er solle morgen Abend um 8 Uhr zu Meiers gehen und einen Margeritenstrauß abgeben. Er kauft sich dann diesen Strauß, geht zu Meiers und stammelt irgendetwas, das er sich zusammenstoppelte, daher, um sein Verhalten zu motivieren. Wer diese Grundfakten menschlichen Verhaltens nicht kennt, kann Menschen nicht verstehen und gerät immer wieder in Schwierigkeiten im Umgang mit anderen. Er vermag nicht zu unterscheiden, wann er mit zu logischem Denken Fähigen zu tun hat, und wann mit solchen, die zwar auch logisch denken können, aber nicht im gerade zur Rede stehendem Fall, in dem der Partner unter Suggestion steht, so daß seine Logik aussetzt. Dann ist alle Sachauseinandersetzung nur eine scheinbare, denn der unter Suggestion Stehende vermag auf logische Sachargumente nicht auch logisch zu reagieren, sondern produziert Scheinargumente, im Bestreben, daß ihm Einsuggerierte, mit welchen Mitteln auch immer, zu retten.

Durch diese verschiedenartigen Ursachen kommen herrschende Denkschemen zustande, von denen viele Menschen, oft auch die meisten, beherrscht werden, denen sie untertan sind, und die sie mehr oder wenige vehement verteidigen. Werden Denkschemen von der Masse der meisten akzeptiert und getragen, werden die davon Ausgenommenen notwendig zu Außenseitern, die in der sich im jeweiligem Sachbereich einigen Gesellschaft einen schweren Stand haben. Durch gesellschaftliche Entwicklungen können sich solche Verhältnisse mehr oder weniger rasch ändern, wie der Verlauf der geschichtlichen Entwicklung immer wieder zeigt. Dann werden zuvorige Außenseiter plötzlich Tonangebende, suggerieren Denkschemen, denen andere folgen, und das Spiel beginnt von Neuem.

Diese Mechanismen vollziehen sich in allen gesellschaftlichen Bereichen, in hochintelligenten wie banalen, und die Wissenschaft macht unter den anderen Gesellschaftsbereichen diesbezüglich keine Ausnahme. Auch in ihr geht es in dieser Hinsicht ebenso unsinnig zu wie auch sonst. Demzufolge soll sich der Initiator der sogenannten modernen Physik Max **Planck** geäußert haben: „Erst müssen die Schüler derjenigen, die einen wissenschaftlichen Irrtum aufstellten, aussterben, bis dieser beseitigt wird."

Dieser Erkenntnis widmete der amerikanische Physiker und Wissenschaftssoziologe Thomas **Kuhn** ein Buch: Die Struktur wissenschaftlicher Revolutionen 6), das selbst wieder eine wissenschaftliche Revolution auslöste.

In Erkenntnis des vorstehend über Denkschemen und Suggestion Ausgesagtem bestreitet Kuhn mit Recht, daß die Wissenschaft durch möglichst objektiv ausgerichtete Forschung kontinuierlich fortschreite. Vielmehr würden Theoriengebäude errichtet, die sich zu Denkschemen, die Kuhn Paradigmen nennt, verfestigen. Solche Paradigmen herrschen eine Zeitlang, und es werde viel Aufwand getrieben, um sie mit immer weiteren Argumenten zu stützen. Solche stützenden Argumente würden Gegenargumenten vorgezogen, und argumentative Auseinandersetzung erfolge weniger nach logischen Richtlinien als im Bestreben, das jeweilige Paradigma zu stützen und zu verteidigen. Dies geschähe solange, bis die nächste nicht mehr durch das Paradigma vorbelastete Wissenschaftlergeneration ein neues Theoriengebäude entwickelt hat, und das alte in den Abgrund der historischen Vergangenheit stößt. Zwischen den Vertretern der verschiedenen Paradigmen finde keine echte wissenschaftliche Auseinandersetzung statt. Sie redeten solange aneinander vorbei, bis das antiquierte Paradigma ausgestorben ist. Somit ergibt sich die Frage, ob die Vertreter des Paradigmus der Nachweismethodik mittels randomisierter Doppelblindstudien ebenfalls Vertreter eines in der Phase der Antiquierung befindlichen Paradigmas sind, das dazu bestimmt ist, auszusterben, aber derzeit noch nicht ausgestorben ist.

Dies zu entscheiden kann aber nur dadurch möglich werden, daß ermittelt wird, wieweit das herrschende Paradigma mit den tatsächlich bestehenden Sachverhalten und den zu verwendenden Erkenntnisprinzipien übereinstimmt oder nicht. Nachdem ersteres in den vorstehenden Kapiteln bereits geleistet wurde, ist nunmehr zu untersuchen, ob mit Aufstellung der vorgeschriebenen Nachweismethodik richtige = passende oder falsche = unpassende Erkenntnisprinzipien verwendet wurden oder nicht. Da Mediziner meist nicht auch gleichzeitig bewanderte Erkenntnistheoretiker sind, könnte es sein, daß sie Erkenntnisprinzipien verwendeten, die vor hundert Jahren galten, inzwischen aber überholt sind. Wie eingangs dieses Kapitels erwähnt, dauert es oft mehr oder weniger lange Zeit, bis sich Erkenntnisse durchsetzen = Erkanntes zu Anerkanntem wird.

Zunächst ist zu ermitteln, welchem **Erkenntnisprinzip** das zur Rede stehende herrschende Paradigma **der vorgeschriebenen Nachweismethodik mittels randomisierten Doppelblindstudien** folgt. Dies Erkenntnisprinzip **ist das der Bildung von Beweisen zur Sicherung von Erkenntnissen.** Dies Erkenntnisprinzip wird von vielen und wohl heutzutage auch von den meisten Wissenschaftlern für so selbstverständlich und als sicher gesichert gehalten, daß es unsinnig sei, darüber noch weiter nachzudenken und zu verhandeln. So erscheint vielen eine Auseinandersetzung über dies Erkenntnisprinzip als tabu. Sie meinen, dergleichen dürfe garnicht mehr vorkommen. Um weiterzukommen, ist aber nun einmal nötig, Tabus beiseite zu tun und nachzuschauen, was tatsächlich besteht und mit Tabus verborgen wird.

Ich äußerte mich zum Beweis u. a.: „Die Besonderheit des rationalen Denkens besteht in seiner Zielgerichtetheit auf Nachprüfbarkeit seiner Resultate mittels Beweis. Während unbewußtes Schließen die Bestätigung seiner Zutreffendheit durch den Erfolg erhält, liefert für rationales Denken diese Bestätigung der Beweis. Die Erfolgsbestätigung liefert der logische Ablauf der Realität, die Beweisbestätigung der abbildende Nachvollzug logischen Realitätsablaufs durch rationales = beweisführendes Denken." 7)

Tiere, auch andere Wesen und einfache Menschen, reagieren auf Konkretes konkret. Dazu wird Konkretes erkannt, wie es zweckmäßig zu parieren ist ermittelt und demgemäß agiert und reagiert. Die jeweiligen Erkenntnisse und Aktionen erweisen sich als richtig = zutreffend, beziehungsweise zweckmäßig, wenn der gewünschte Erfolg eintritt. Die Beziehungen werden erheblich kompliziert, wenn Menschen über ihren unmittelbaren Lebensvollzug hinaus nachdenken, damit abstrahieren und sich Probleme zu lösen anschicken, deren richtige Lösung nicht durch den unmittelbar eindeutig erkennbaren Erfolg angezeigt wird. Dann wird erforderlich, zu erkennen, wann eine Lösung richtig ist oder nicht. Das ist keineswegs immer einfach und wird oft nicht erreicht.

Als Ersatz für den eindeutigen Erfolgsvollzug bietet sich der Beweis an, der in einfach gelagerten Fällen auch führbar ist. Wenn etwa 4 + 3 als 7 errechnet wird, kann der Beweis umgekehrt dadurch geliefert werden, daß 3 von 7 abgezogen 4 ergibt. Oder man kann 4 Kartoffeln hinlegen und dann noch drei und dann alle zusammen auszählen und 7 erhalten. Diese und weitere Beweisführungen lassen sich beliebig oft wiederholen und bringen immer wieder das gleiche Ergebnis, das somit zu Recht als gesichert = bewiesen angenommen wird. Solche Beweise lassen sich reproduzieren = mit gleichem Ergebnis wiederholen. Solche Reproduktionen werden zu Recht als für den Nachweis der Stichhaltigkeit = Zutreffendheit des Beweises für erforderlich gehalten.

So können im Bereich von Mathematik und bloßer sogenannter formaler Logik bestehende Fakten durch eindeutige Beweise als gesichert erkannt werden. Solche nur durch logische Beziehungen erkennbare Fakten ergeben jedoch keine Erkenntnis davon, was real vorhanden ist. Realisiertes läßt sich nur mittels Wahrnehmung und aus ihr logisch folgerbarem Schluß erkennen. Realerkenntnis ergibt sich als Produkt aus Wahrnehmung und logischem Schluß 8). Auf diesem Verfahren ist die neuzeitliche sogenannte induktive = auf Erfahrung fußende Wissenschaft aufgebaut. Ernst Haeckel meinte, daß mittels dieses Verfahrens alle Welträtsel 9) gelöst werden könnten, womit er allerdings Unwillen und Gelächter der Philosophen erntete, weil er über die Grundprobleme der Erkenntnis keine genügende Kenntnis hatte. Diese Erkenntnisgrundprobleme betreffen zwei verschiedene Ebenen: Absolut- und Real-Erkenntnis 10). Im hiesigen Zusammenhang wird nur die Problematik letzterer von wesentlichem Belang. Um diese Problematik zu erkennen, ist aber eine wenigstens kurze Klärung zu absoluter Erkenntnis erforderlich. Nur durch solche Klärung wird erkennbar, weswegen Haeckels Optimismus nicht gerechtfertigt ist, sondern nur in einer erheblich eingeschränkten Weise gelten kann.

Eine absolute Erkenntnis = eine völlig zweifelsfreie Sicherung von tatsächlich Vorhandenem ist generell unmöglich, weil es ein absolutes Erkenntniskriterium für uns nicht gibt, nichts nicht bezweifelt werden, nichts völlig gesichert werden kann 11). Diese Grundverhältnisse können im hiesigen Zusammenhang nur kurz gestreift werden. Wer näher darüber unterrichtet sein will, kann Genaueres in „Struktur der Erkenntnis" und entsprechend ausgerichteten Schriften anderer Philosophen nachlesen. Normale Menschen und normale Wissenschaftler machen sich über solche Grundprobleme keine Gedanken, so daß Wissenschaftler meist ihre Wissenschaft mit einer gewissen Unbekümmertheit betreiben, in der sie von der wissenschaftlichen Grundproblematik keine rechte Ahnung haben. Inzwischen sind sich die am weitesten vorstoßenden Philosophen in den über absolute Erkenntnis kurz Ausgesagten einig. So äußerten sich auch die führenden Physikerphilosophen Gerhard Vollmer und Carl Friedrich von Weizsäcker.

Vollmer: „Absolutes, perfektes, sicheres Wissen gibt es nicht" 12).
Weizsäcker: „Es gibt keine absolute Gewißheit unserer Erkenntnis" 13).

Absolut kann auch an der Zutreffendheit der Wahrnehmung und an der Richtigkeit der Logik gezweifelt werden. Um überhaupt Erkenntnis zu betreiben und mit Erkanntem umgehen zu können, müssen also mögliche Zweifel ausgesetzt werden, damit Erkenntnisse wenigstens unter einer Voraussetzung, nämlich daß bestimmte Zweifel 14) unterlassen werden, möglich sind. Wenn beabsichtigt ist, Realität = das mittels Wahrnehmung und logischen Schlüssen Erkennbare zu erkennen, weil wir genötigt sind, in dieser Realität zurecht zu kommen, muß die realogische Erkenntnisvoraussetzung 15) gewählt werden, somit erkannt werden, was mittels Wahrnehmung und gefolgerten logischen Schlüssen erkennbar ist. Unter dieser Voraussetzung kann potentiell präzis erkannt werden, was nicht durch zeitliche, räumliche oder andere Barrieren für die Wahrnehmung unwahrnehmbar und was mittels logischen Schlüssen aus Wahrnehmbarem erkennbar ist. Somit kann soweit erkannt werden, wie Wahrnehmungen zugänglich gemacht werden und wie aus Wahrgenommenen effektiv logisch gefolgert wird. Damit sind die Grundlagen und die Möglichkeiten der Reichweite von Wissenschaft abgesteckt. Selbst die

Mathematik kann nur unter Voraussetzungen betrieben werden, und je nach gewählter Voraussetzung wurden verschiedene Mathematiken aufgestellt 16). Wissenschaft ist systematisierte = für die im Zusammenhang befindlichen Fakten und Möglichkeiten betriebene Erkenntnis. Wissenschaft von der Realität = Realwissenschaft = Realogie kann nur unter realogischer Voraussetzung betrieben werden. Wenn sich Wissenschaftler dessen auch meist nicht bewußt sind, betreiben sie doch allermeist ihre Wissenschaft unter der genannten Voraussetzung, und ist ein solcher Wissenschaftsbetrieb üblich. Es erfolgen zwar auch des öfteren Verstöße gegen diese Voraussetzung infolge ihrer Unkenntnis. So wird mitunter an gemachten Wahrnehmungen gezweifelt, nur weil sie mit gemachten Berechnungen nicht übereinstimmen, oder an der Logik, wozu auch die Zweifel an der Kausalität zählen, oder es wird im Streben nach absoluter Erkenntnis Wissenschaft getrieben, was so garnicht sachrichtig möglich ist. Im hiesigen Zusammenhang verhalten sich jedoch die operierenden Wissenschaftler grundsätzlich unter realogischer Voraussetzung soweit wie bisher erörtert sachrichtig, egal, ob sie sich dieser Voraussetzung bewußt sind oder nicht.

Entscheidend ist, wie unter realogischer Voraussetzung in der Erforschung = dem Versuch der Erkenntnis der Realität weiterhin vorgegangen wird. Bekanntlich stößt die Erkenntnis auf Schwierigkeiten. Sie ergeben sich, wenn Wahrnehmungen zur Erkenntnis nicht ausreichen, und wenn der menschliche Intellekt nicht ausreicht, um die richtigen logischen Folgerungen zu ziehen. Da Logik nicht nur eine Technik menschlichen Denkens, sondern das Grundprinzip nach dem die Realität abläuft ist, können nur logisch richtige Denkoperationen zur Erkenntnis von Realem, wie es unter genannter Voraussetzung ist, führen.

Wenn die Wahrnehmung des zu Erkennenden unvollständig ist, kann auch keine richtige logische Folgerung zur vollständigen Erkenntnis des betreffenden zu Erkennenden führen. Die richtige logische Folgerung kann stets nur für das jeweils Wahrgenommene gezogen werden, so daß Realerkenntnisse nur soweit möglich sind, wie ihnen Wahrnehmungen zugrunde liegen. **Wenn ein Teil des sonst Wahrgenommenen nicht wahrgenommen wird, kann die Erkenntnis des betreffenden zu Erkennenden nur approximativ = annäherungsweise erfolgen, das heißt: soweit wie das zu Erkennende wahrnehmbar ist.** Allerdings kann das Wahrgenommene durch logische Folgerungen erweitert werden, und aus so Erweitertem kann logisch weiter gefolgert werden, wobei auch mathematische logische Operationen mithelfen. Es kann logisch gefolgert werden, daß wenn bestimmtes Wahrgenommenes wie wahrgenommen ist, auch anderes nicht Wahrgenommenes wie daraus logisch folgerbar ist. Nachdem ausgestorbene Mammuts durch ihre erhaltenen Kadaver wahrgenommen wurden, kann zu Recht logisch gefolgert werden, daß es weit größere Populationen von Mammuts gab als die uns derzeit wahrnehmbare Kadavermenge. Von der durch Hinweise aus der Wahrnehmung gewonnenen logischen Folgerung kann logisch mehr oder weniger weit weitergefolgert werden. Dadurch lassen sich für mehr oder weniger weit reichende Sachbereiche gemutmaßte Theorien bilden, die mittels weiterer auf Wahrnehmungsbasis gewonnener Erkenntnisse daraufhin überprüfbar sind, ob und wieweit sie stimmen = wieweit weiteres Erkennbares mit ihnen vereinbar ist. Aber auch durch solche Erkenntniserweiterungen, die enorm sein können, ist nicht realogisch gesichert erkennbar, wie nicht Wahrgenommenes tatsächlich genau ist, sondern für seine Erschliessung bleibt immer ein Rest an Unsicherheit zurück.

Sicher erkennbar ist etwas nur soweit, wie es auch ausreichend wahrgenommen wird. Dies ist vollständig **nur für Ideales, nur für die Minderheit der Fälle unvollständig für Reales möglich.**

Ideales ist, was sich nur im logischen, nicht aber im effektiv realisierten = im engeren Sinn realen Bereich befindet. So Ideales sind die mathematischen und formallogischen „Dinge", philosophisch Entitäten = Seiende genannt. Diese idealen Gebilde sind vollständig durchschaubar, erfaßbar, erkennbar, berechenbar, manipulierbar.

Dagegen **wird** uns von **allem Realisiertem** immer **nur ein Teil erkennbar, während ein anderer Teil unerkennbar bleibt.** Wie überhaupt etwas entsteht und dann realisiert „ist", wie überhaupt Realität „sein" kann, ist uns bisher unbekannt geblieben. Im Eingangskapitel der Bibel wird immerhin als bewirkende Ursache der realisierten Welt Gott angegeben, wenn auch keine Angaben darüber gemacht wurden, worin das Wesen dieses Gottes besteht und mittels welcher Kräfte er die Weltschöpfung zustande brachte. Die bisherige neuzeitliche Wissenschaft klammert jedoch die Frage nach der bewirkenden Ursache der Realität und ihres Ablaufs aus, und untersucht nur Beziehungen innerhalb des Realen, ohne die bewirkenden Agenzien zu ermitteln 17).

Dergleichen ist im hiesigen sehr speziell ausgerichteten Rahmen nur summarisch andeutbar. Entscheidend bleibt hier jedoch, daß **nur im Idealen Beweise möglich sind,** während **für Realisiertes** meist nur **approximative, unter realogischer Voraussetzung sichere Aussagen möglich werden können. Diese für alle Erkenntnis, einschließlich Wissenschaft, entscheidende Grundaussage ist leider bei den meisten Wissenschaftlern noch nicht ausreichend angekommen, so daß diese weiter im Stande der Naivität operieren, der immer wieder schädliche Folgen ergeben muß.**

Aus dem angegebenen Grund wird mit einem gewissen Recht, zu einem anderen Teil auch zu Unrecht, die Mathematik als das „Ideal" für „die" Wissenschaft angegeben. Dies Ansehen rührt daher, daß die Mathematik wie angegeben durchschaubar, demgemäß in ihr sicherbare Beweisführung möglich ist. Beweise werden, wie ebenfalls bereits angegeben, deswegen mit einem gewissen Recht so hoch geschätzt, weil sie einen Ersatz im abstrakten Bereich für die im konkreten sichere Anzeige des Erfolges bieten. Dem Vorbild der Mathematik nacheifernd, suchen Wissenschaftler die Methode der in Mathematik durchführbaren **Beweisführung** ebenfalls zu verwenden und dadurch gesicherte wissenschaftliche Resultate wie in der Mathematik zu erreichen. Dies **ist** auch **soweit möglich, wie Realobjekte mittels Wahrnehmung und logischem Schluß erfaßbar sind, womit die Grenze für die Möglichkeit der Beweisführung im Realbereich erkannt ist. Für was nicht so erfaßt ist, kann keine Beweisführung, sondern nur eine Abschätzung erfolgen, die durch weitere Untersuchungen kritisiert, korrigiert und, immer approximativ, verbessert werden kann.** Wenn dennoch **in solchen Fällen Beweisführung versucht wird, erfolgt ein schwerwiegender Wissenschaftsfehler, denn es werden nur Scheinbeweise geliefert, die nicht liefern, was sie vorgeben, somit Irrtum statt Erkenntnis.**

Das angegebene Ideal der Mathematik für die Wissenschaft schlechthin wurde in der Bildungsphase der neuzeitlichen Wissenschaft im 17. Jahrhundert hochwirksam. Der diesbezügliche Initiator Descartes 18) konzipierte sowohl eine Universalmathematik wie die mathematische Methode als die Methode der Wissenschaft. Nach diesem Wissenschaftskonzept sollte alle Wissenschaft so durchschau- = beweis- und deduzierbar werden wie Mathematik. Wie in der Mathematik sollte alles zu Erkennende von Axiomen = Grundsätzen aus logisch abgeleitet werden und ableitbar sein. Am vollkommensten wurde dies Verfahren von Spinoza in seinem Hauptwerk „Ethik" durchgeführt. Auf diese Weise entstand das Konzept der deduktiven Wissenschaft, dem Glaubensbekenntnis der Rationalisten der damaligen Epoche. Da aber, wie angeführt, nur im Idealbereich logische Deduktionen zu Erkenntnissen führen, nicht aber im Realbereich, erwies sich dies rationalistisch-deduktive Konzept als für „die" Wissenschaft nicht durchführbar, wie bald nachgewiesen wurde 19). Erkannt wurde, daß wissenschaftliche Realerkenntnis nicht ohne induktiv eingeführte Erfahrung möglich ist, von der aus deduktiv-logisch weiter gefolgert werden kann.

Nach dieser historischen Widerlegung des mathematisch deduktiven Beweisführungskonzepts der Wissenschaft sollte das als Irrtum Erkannte eigentlich obsolet = wegen nachgewiesenen Irrtums ausgeschaltet sein, doch ist dem leider nicht so, wie neben vielen anderen Fehlwegen und -leistungen in der Wissenschaft auch das Konzept des Nachweises der Wirksamkeit von Heilmitteln mittels randomisierten Doppelblindstudien dokumentiert.

Immer noch wird von vielen, so insbesondere auch Physikern, die widerlegte mathematische Methode Descartes als die für die Wissenschaft allein seligmachende empfohlen und verlangt 20). Es bedurfte noch weiterer wissenschaftlicher Entwicklungen und Erkenntnisse, bis die Stellung des Beweises, der Mathematik, der logischen Deduktion, der Verifikation und der Falsifikation endgültig richtig festgelegt wurde, doch sind diese nunmehr logisch gesicherten Erkenntnisse beim Gros der Wissenschaftler immer noch nicht angekommen, andernfalls monströse Irrtümer wie die randomisierte Doppelblindmethode nicht möglich wären.

Die sich nunmehr als Irrtum erweisende Forderung nach Beweis als der durchgängig zu betreibenden Methode der Wissenschaft, hat eine natürliche Vorgeschichte, die diese generelle Forderung zustande brachte.

Erkenntnis hat den Zweck der Orientierung. Orientierung wird benötigt, damit Wesen sich in der Vielfalt ihrer Umwelt so durchfinden, daß sie sich möglichst ihrem Bestreben gemäß entfalten und durchsetzen können .21) Demgemäß müssen sie die in ihrer Umwelt bestehende Lage und deren Entwicklungstendenzen möglichst richtig erkennen, um möglichst richtig passende Aktionen und Reaktionen durchzuführen. Es ist also erforderlich, die jeweilige Lage möglichst so zu erkennen, wie sie tatsächlich ist, also ihre Wahrheit zu erfassen und nicht zu irren. Demgemäß ist dies natürliche Bestreben auf Wahrheiterkenntnis gerichtet. Ob die Wahrheiterkenntnis einigermaßen gelang, wird unter nur auf konkreten Lebensvollzug gerichteten Verhältnissen durch den Erfolg oder Mißerfolg angezeigt. In diesen Fällen wird abgeschätzt, wie die Lage ist und wie auf sie reagiert werden könnte. Ob diese Abschätzung richtig oder falsch erfolgte, wird durch den Grad des eintretenden Erfolges entschieden. Deswegen werden im konkreten Lebensvollzug keine Beweise angefertigt, nach deren Anfertigung erst Entscheidungen, Aktionen und Reaktionen erfolgen würden. Wer im Lebensvollzug auf die Anfertigung von Beweisen warten wollte, hätte von vornerein verloren, da die damit verbundene Zeitverzögerung meist die Chancen vernichtet.

Dies Moment der Dringlichkeit, Entscheidungen zu fällen, entfällt für abstraktes Denken, soweit es nicht im Dienst des Lebensvollzugs steht, und dieser dringliche Entscheidungen erfordert, wie etwa jetzt im Fall drohender Verbote benötigter Heilmittel. Für rein abstrakte Erkenntnisse besteht solche Dringlichkeit nicht, so daß der erkennende Wissenschaftler beliebig viel Zeit zur Erkenntnis hat, es sei denn, der, der ihn bezahlt, drängt auf Resultate, was für rein abstrakte Erkenntnis meist nicht der Fall ist. Solche Wissenschaftler verfügen über den Luxus, die von ihnen untersuchte Lage genauestens, somit soweit ihre Fähigkeit zu Wahrnehmung und logischen Schlüssen reicht, untersuchen zu können. Wenn nichts sie treibt, ihre Untersuchung zu einem vorgegebenen Zeitpunkt abzuschließen, können sie die Genauigkeit der Untersuchung soweit treiben, wie es geht, damit versuchen, genau festzustellen, wie die jeweiligen Verhältnisse tatsächlich beschaffen sind. Wer so wissenschaftlich untersucht, ist nicht genötigt, bloß irgendwie zurecht zu kommen und Erfolg im Lebensvollzug zu haben, sondern er kann soweit als möglich ergründen, wie die Verhältnisse tatsächlich liegen, und diese Ergründung vollständig mit zu passender Sachverhaltserkenntnis abschließen, wenn und soweit dies möglich ist. Demgemäß ist das Bestreben des Wissenschaftlers, die Wahrheit zu erkennen, damit in seiner Erkenntnis nicht von den Fakten = Tatsachen wie sie sind, abzuweichen, sondern mit ihnen zutreffend übereinzustimmen. Von lateinisch veritas = Wahrheit, wird die Ermittlung von Wahrheit Verifikation genannt. Durch die vorgenannte Entwicklung erschien, damit naturgemäß, die Verifikation als die Aufgabe der Wissenschaft, einschließlich ihrer ebenfalls auf Wahrheitsfindung gerichteten Vorgängerinnen Religion und Philosophie. Als einziger namhafter Vertreter der auf Wahrheitsfindung ausgerichteten Denker schied in der weiter zurückliegenden Vergangenheit

Sokrates aus der Reihe derer aus, die mit der direkten Verifikationsmethode arbeiteten. Seine sokratische Methode bestand umgekehrt darin, den Leuten nachzuweisen, das, was sie für wahr hielten, garnicht stimmt, nicht wahr, sondern falsch war. Er benützte somit die zu Verifikation gegensätzliche Methode, die inzwischen als Falsifikation bezeichnet wird.

Die Methode der Verifikation galt sonst als Methode der Wahl für die Wissenschaft, so daß sie allermeist auch so verwendet wurde. Sie fand eine grandiose Stütze vorrangig in der Mathematik, die dadurch den Ruf erlangte, Vorbild für alle andere Wissenschaft zu sein. In der Mathematik gelang Verifikation in idealer Weise. Lückenlose Beweise sind in ihr durchführbar, und widerstandslos ist die Wahrheit in der Mathematik erkenn- und aufzeigbar. Die Methode des Beweises hatte damit in der Mathematik ihre Feuertaufe vollständig bestanden. Erst im vorigen Jahrhundert kam auch diesbezüglich in die Mathematik einige Bewegung, was aber im hiesigen Zusammenhang nicht von Belang ist, deswegen unberücksichtigt bleibt, um nicht unnötig zu verwirren. Das Beispiel der Mathematik wirkte so überzeugend, daß es für alle Wissenschaft gültig akzeptiert wurde, demgemäß die mathematische Methode der Wissenschaft auch heute noch meist gilt, obwohl diese im 17. Jahrhundert von Descartes konzipierte Methode bereits noch im gleichen Jahrhundert widerlegt worden war. Die Generalmethode der Wissenschaft, die Verifikation, wurde allgemein angewendet, zumindest im gängigen Glaubensbekenntnis, doch wurde sie als Verifikation erst im 20. Jahrhundert durch **Carnap** 22) bezeichnet.

Die Übertragung der in der Mathematik und auch in der Logik üblichen Methode auf alle Wissenschaft erwies sich nun als ein grundsätzlicher und schwerwiegender Irrtum. Obwohl dieser bereits ausgangs des 17. Jahrhunderts erkannt worden war, wurde die volle Tragweite dieses Irrtum erst in diesem 20. Jahrhundert deutlich offenbar. Wie bereits vermerkt, besteht ein radikaler Gegensatz der Erkenntnisweise zwischen Mathematik und Logik, von der Mathematik eine Spezialität ist, einerseits und aller Realwissenschaft anderseits. Die erstgenannte Erkenntnisweise betrifft Ideales, in der nur das logische Prinzip gilt, die letztgenannte Erkenntnisweise Reales, in dem dies Prinzip auf Realisiertes angewendet ist. Während das Ideale logisch ergründbar ist, somit in ihm lückenlos bewiesen werden kann, ist Reales immer nur teilsweise ergründbar, und bleibt in ihm für uns immer ein unergründbarer

Rest, da Teile des Realisierten, insbesondere die realisierenden Kräfte, unwahrnehmbar sind. Deswegen können im Realbereich Beweise nur soweit durchgeführt werden, wie das jeweils zu Erkennende voll erfaßbar ist. Wenn etwa ein homöopathisches Mittel immer wieder das gleiche Symptom beseitigt, ist der Fall eines voll gelungenen Realbeweises gegeben. Er kann auch als gegeben gelten, wenn ein Medikament, etwa ein Schmerz-, Herz-, oder sonstiges Mittel immer wieder weit überwiegend den therapeutischen Effekt erzielt und nur in einem kleineren Teil der Fälle versagt. Solche Realbeweise bleiben aber im Verhältnis zu den in Mathematik und Logik möglichen vollständigen Beweisen relative, da sie keine eindeutigen Ergebnisse für alle Fälle liefern, und außerdem nicht sichergestellt werden kann, daß sich die Ergebnisse nicht künftig ändern. Es ist durchaus möglich, daß durch weiteranhaltende Verschlechterung der menschlichen Gesundheit ein Schmerzmittel, das heute noch prompt wirkt, später nicht mehr so wirkt, und dann nur ein minderer Teil der Bevölkerung durch dieses Schmerzmittel therapiert wird.

Infolge des Irrtums, alles zu Erkennende auch voll beweisen zu wollen, was so garnicht geht, werden die bestehenden, nur teilweise durchschau- und erfaßbaren Verhältnisse so zusammengebogen, daß der Schein eines Beweises entsteht, der überhaupt nicht geliefert werden kann. In dieser Weise entartete ein Teil der Wissenschaft zur Mogeltechnik. Zu dieser Mogeltechnik werden Mathematik und insbesondere Statistik mißbraucht. Sogenannte statistische Signifikanz täuscht dann eine Beweissicherheit vor, die tatsächlich nur eine gewisse Wahrscheinlichkeit ist, deren Grad statistisch nach Belieben hin und her gezerrt werden kann. Der gesamte so aufgebaute Wissenschaftsbereich ist unseriös, wissenschaftswidrig und führt zu falschen Resultaten, mit denen die gutgläubige Bevölkerung, einschließlich Politikern, betrogen wird. Statistische Verfahren gestatten Manipulationen in riesigem Ausmaß, und wer an solchen Manipulationen Interesse hat, kann in beliebigem Ausmaß von dieser Möglichkeit Gebrauch machen. Die herrschende Wissenschaftsgläubigkeit, von der auch die entscheidenden Politiker meist betroffen sind, verhindert, daß derartige Manipulationen und falsche Resultate liefernden Scheinbeweise durchschaut und bekannt werden.

Diese wissenschaftswidrigen Entwicklungen habe ich in diversen Schriften dargestellt. Ich zitiere daraus eine Darstellung aus: „Die Ordnung von Kultur und Wissenschaft in umfassender systematischer Darstellung". In diesem Zitat wird manches bereits zuvor Aufgeführte wiederholt, aber weiteres wesentliche, insbesondere auch Medizin Betreffendes, noch eingehender erläutert:

„Im Rahmen des realogisch Möglichen ist Erkenntnis praktisch durch den Erfolg, theoretisch durch den Beweis gesichert und somit sicherbar. Demgemäß wurde die Sicherung durch den Beweis zur Grundforderung der Wissenschaft, und lehnt diese im derzeit gültigen Verfahren alles nicht durch Beweis Gesicherte ab. Diese Forderung nach Beweis wird inzwischen als Dogma gehandhabt, obwohl die an vorderster Front tätigen Spitzenwissenschaftler nachwiesen, daß Beweise nur relativ selten zu bringen sind, und der Wissenschaftler sich meist mit wahrscheinlichen Begründungen begnügen muß. So urteilt etwa der Physiker und Philosoph Gerhard Vollmer: ‚Absolutes, perfektes, sicheres Wissen gibt es nicht. Jeder Versuch zum Aufweis solchen Wissens, endet in einem logischen Zirkel oder einem dogmatischen Abbruch an selbstgewähltem Punkt. Diese enttäuschende Erfahrung ist kein Beweis, aber ein wirksames Argument.' 12) Die Aufgabe, Wissen zu sichern, entfalle. Alles Wissen sei Vermutungswissen, die Möglichkeit des Irrtums in die Erkenntnis eingebaut. ‚Die Einsicht in die Fehlbarkeit unseres Wissens sollte uns hindern, dogmatisch zu sein und irgendwelche Ansprüche auf Sicherheit, Endgültigkeit, auf letzte Erklärungen oder Begründungen zu erheben'.12) Erkenntnis habe vorläufigen Charakter. Für sie seien andere Kriterien als Beweisbarkeit einzusetzen: Zirkelfreiheit, innere und äußere Widerspruchslosigkeit, Erklärungswert.

Der Widerspruch zwischen gängiger Wissenschaftsforderung nach Beweis, für deren Erlaubtheit der Beweis fehlt, und der generellen Abfuhr dieser Beweisforderung durch einen besser informierten Spitzenwissenschaftler ist allerdings auflösbar. Die Synthese einander polar widersprechender Annahmen ist durch den Nachweis möglich, daß beide überspitzt, übertrieben und durch bestimmte Korrekturen auf das zutreffende Ergebnis zusammenführbar sind:

Vollmers Angaben: ‚Absolutes, perfektes, sicheres Wissen gibt es nicht', trifft zu. Das Angegebene ist aber nicht in sich identisch, sondern dreierlei: Absolutes, perfektes und sicheres Wissen sind drei verschiedene Wissensweisen. Daß es absolutes Wissen nicht gibt, ist weithin bekannt. Der Grund dafür ist, daß zwischen Erkennendem und zu Erkennenden immer der Erkenntnisakt zwischengeschaltet ist, für den sich ein Täuschungsmanöver nicht sicher ausschließen läßt.' Denn: ‚Der in sich forschende Denker kann es wohl für erheblich weniger wahrscheinlich halten, daß er als Denker nicht existiert und sich in der Selbstwahrnehmung irrt, als daß er sich bezüglich der von ihm getrennten Außenwelt irrt, aber nie kommt er über Wahrscheinlichkeit hinaus und bei Sicherheit an, weil wir über ein Erkenntniskriterium nicht verfügen'. 13)

Und: ‚Da es keine Beweise dafür gibt, daß Seiendes mit dem real Erfaßbaren erschöpft ist, noch solche, daß es außer diesem weiteres gibt, bedarf diese Sachlage auch der wissenschaftlichen Ausweisung, damit auch der Anerkennung der, zumindest zunächst mutmaßlich bleibenden, diesbezüglichen Unerkennbarkeit. Für die Struktur der Erkenntnis ist als für diese spezifisch wesentlich, daß es Unerkennbares gibt. Dies Unerkennbare kann daher unerkennbar sein, weil es etwas ist, das nicht ist, oder weil es nur unserem Erkenntnisvermögen nicht zugänglich ist. Es ist denkbar, daß solchermaßen Unerkennbares Nichtvorhandenes ist. Eine Entscheidung bleibt dadurch unmöglich, daß die Komponenten, die zu ihr erforderlich sind, unerkennbar sind' 24). Absolute Beweise und Erkenntnisse sowie absolutes Wissen gibt es somit nicht. Damit ist aber nicht aussagbar, daß es auch kein nicht absolutes sicheres Wissen geben könne. Solange ein solches Wissen nicht gesichert ausgewiesen ist, kann die gemäß Absolutem nachgewiesene Wissenschaftsunsicherheit gemäß Vollmer für generell gefolgert werden. Deswegen wurde gemäß dem in ‚Struktur der Erkenntnis' näher Ausgeführten die ‚realogische Erkenntnisvoraussetzung' gemacht, unter der Realität im Gegensatz zu Absolutem mehr oder weniger ‚sicher' erkannt werden kann, so daß im Gegensatz zu absolutem Wissen sicheres Wissen über Realität möglich ist. Wie ‚perfektes Wissen' zu beurteilen ist, hängt davon ab, wie ‚perfekt' definiert = was darunter verstanden wird. Derjenige, der sicheres Realwissen für perfekt halten möchte, findet unter realogischer Voraussetzung die Möglichkeit von perfektem Wissen. Wer nur absolut gesichertes Wissen als perfekt ausgibt, kann perfektes Wissen wie absolutes nicht akzeptieren.

Sicheres Realwissen wurde mit Bedacht als ‚mehr oder weniger' möglich bezeichnet. Tatsächlich ist es zum Teil, zumindest bislang, weniger möglich. Für das meiste sind mehr oder weniger wahrscheinliche Begründungen, aber keine vollständigen Beweise möglich, so daß gewisse Ungewißheiten, auch für den gerade gut unterrichteten, nicht wissenschaftsgläubigen Wissenschaftler zurück bleiben.

Sicheres, beweisbares Erkennen und Wissen ist dann möglich, wenn alle dafür erforderlichen Glieder erfaßt und vollständig zu dem dann Erkennbaren und Gewußten zusammen gesetzt werden. Dies ist
1. für apriorisch Erkennbares möglich,
2. für aposteriorisch zu Erfassendes dann, wenn alle zu seiner Erkenntnis erforderlichen Glieder lückenlos erfaßt und zusammengesetzt werden.
So sind 1. sowohl 1.1. analytische, wie 1.2. synthetische Erkenntnisse a priori realperfekt = im Rahmen der Realität sicherbar und nach solcher Sicherung gesichert.

Zu diesen Erkenntnisarten gehören besonders umfangreich die mathematischen Erkenntnisse, wie Kant nachwies 25). So liefert die Mathematik sicherbare, sichere, gesicherte Ergebnisse. Natürlich treten auch noch nicht einwandfrei gelöste mathematische Probleme auf, zu deren Lösung sichere Erkenntnis noch nicht gewonnen wurde, nämlich dann, wenn die zur Problemlösung nötigen Glieder noch nicht sämtlich erfaßt wurden.

Wie sichere apriorisch gewonnene mathematische Erkenntnisse können auch solche logischen und anderweitig fundamentalogisch philosophischen Erkenntnisse gewonnen werden.
Aber auch in den nicht fundamentalogisch gerichteten Detail-Wissenschaften lassen sich Erkenntnisse sichern, wenn sie die dafür angegebenen Voraussetzungen erfüllen: alle erforderlichen Glieder erfaßt und für die Erkenntnis richtig zusammen gefügt wurden. Diese Glieder müssen also exakt erfaßt und zusammen gefügt werden. Dadurch, daß dies für sie möglich ist, gliedern sich bestimmte exakte Wissenschaften von anderen ab. Da für diese exakten Wissenschaften, als die exakte Naturwissenschaft einheitlich zusammen gefaßt, oft Beweise gelingen, gelten sie als das Ideal der Wissenschaft, und wird immer wieder versucht, sonstige Wissenschaft nach diesem Muster aus- und einzurichten. Obwohl dies nicht gelingt und nicht gelingen kann, wird es immer wieder versucht und der Schein, als ob es gelänge, vorgetäuscht. Für das allermeiste werden immer nur manche der für eine gesicherte Erkenntnis erforderlichen Glieder erfaßt, während andere verborgen bleiben und zu ihrer Erfassung erst noch der Entdeckung bedürfen. Das ist auch der Grund dafür, daß die Wissenschaft immer weiter fortschreitet und neue Entdeckungen macht.

Nicolai **Hartmann** bezeichnet das Erfaßte als objektiv, das noch nicht Erfaßte als transobjektiv, die Grenze zwischen beidem als Objektionsgrenze. Indem diese verschoben, bisher Transobjektives objektiv, Unbekanntes erkannt werde, schritten Erkenntnis und Wissenschaft vorwärts 26).

So werden auch an derselben Sache nach und nach immer mehr Züge erfaßt, so daß sie, obwohl sie sich selbst gleich bleibt, immer weiter erhellt wird. Solange sie noch nicht zur Erfassung ihrer Realität erhellt ist, bleibt manches im Dunkel verborgen, ist die betreffende Sache nur mehr oder weniger approximativ = annäherungsweise erkennbar. So lassen sich, wenn diese Sache sich im untersuchten Bereich befindet, nur Wahrscheinlichkeiten, aber läßt sich nichts real endgültig Bewiesenes gewinnen. Dabei ist die Sachlage immerhin dadurch etwas einfacher, daß für die Gewinnung von Beweisen nicht sämtliche Anteile einer Sache erfaßt sein müssen, sondern nur diejenigen, die für die Sicherung einer Erkenntnis nötig sind. So ist, daß H Wasserstoff und Cl Chlor HCl Salzsäure bilden, eine gesicherte Erkenntnis, obwohl dafür nur der chemische Bestandteil der drei herangezogen wird. Weder ist dafür die Kenntnis subatomarer Anteile erforderlich, noch die Erkenntnis, wodurch sich aus den Eigenschaften des Wasserstoffs und des Chlors die ganz andersartigen Eigenschaften der Salzsäure entwickeln.

So sind Physik, Chemie und die auf diesen fußende Technik wie Mathematik exakte Wissenschaften, zu denen alle anderen Wissenschaften, die sich Lebendigem oder von Lebendigen Geschaffenen befassen, nicht gehören: Lebens,- Sozial-, Geistes-, Kulturwissenschaften. Aber auch im Bereich der Mikrophysik, somit gerade des Grundlagenbereichs der exakten Naturwissenschaft, wurden Unexaktheiten = Erscheinungen, deren Zustandekommen sich der Beweisbarkeit entzog, ermittelt. Diese Vorkommensweise wurde von **Heisenberg** als Unschärfe- oder Unbestimmtheitsrelation bezeichnet 27). So zerfallen radioaktive Alpha-Teilchen in unregelmäßigen Abständen, ergeben jedoch über eine längere Zeit in ihrer Zerfallsgesamtheit reproduzierbar gleiche Abstände. Trotz ‚unexakten' Auftretens der einzelnen Zerfallsakte wird über einen längeren Zeitraum die stets exakt gleiche Zerfallsquote erreicht, weswegen die Geschwindigkeit des radioaktiven Zerfalls in Halbwertzeiten gemessen wird. Die Ursachen dieses in sich anscheinend differenten Verhaltens blieben bislang unerkennbar. Ein Beweis dafür, warum der einzelne Zerfall zu seiner jeweiligen Zeit erfolgt, ließ sich nicht erbringen..

Um zu erkennen, in welchem Verhältnis Exaktes und Unexaktes zueinander stehen, bedarf es weiterer Forschung.

In dem Lebensbereich lassen sich exakte, beweisbare Erkenntnisse gewinnen, wenn die zu ihnen erforderlichen Glieder ausreichend erfaßt werden, egal welchem exakten Bereich sie entstammen: Apriorischem, Logik, Prinzipiellem, Mathematik, Physik, Chemie. Im Bestreben, auch Biologie exakt zu betreiben, wurden die nicht so exakten, damit lebensspezifischen Anteile gern einfach ausgeklammert. So wurde kurzerhand Physiologie als auf den Organismus angewandte Physik und Chemie erklärt. Indem Unexaktes der Beachtung entzogen wird, entstand in großem Umfang scheinbeweisende Wissenschaft. Es werden angebliche Beweise dadurch geliefert, daß nur die jeweils exakt erfaßbaren Elemente beachtet werden, die übrigen unbeachtet bleiben und damit im Endeffekt als nichtexistent gewertet werden. In riesigem Umfang erfolgt dies etwa in Arzneiversuchen, in denen die Beachtung auf das reproduzierbar Gleiche eingestellt und so getan wird, als ob es nicht mit reproduzierbar Ungleiches nicht gäbe. Auf bestimmte Effekte wird dabei eingeblendet, andere Effekte bleiben unbeachtet. So kommt es, daß Arzneimittel, die in umfangreich kontrollierten Tierversuchen als nützend und brauchbar ‚bewiesen' wurden, nachträglich wieder aus dem Verkehr gezogen werden, weil sie sich in der Praxis als schädlich herausstellten. Mit Statistiken läßt sich mogeln. Im Lebensbereich ist jedes Neue auch etwas anderes, so daß Reproduzierung 28) kaum je völlig gelingt. Geringe Änderungen der Versuchsanordnung können zu stärkeren Änderungen der Versuchsresultate führen, sowohl ungewollt wie gewollt. So kann in eine gewünschte Richtung manipuliert, durch ‚Beweise' gefälscht werden. Auch so kann man sich der Wissenschaft bedienen. Mitunter werden auch Angaben mißliebiger Konkurrenten dadurch außer Gefecht gesetzt, daß ihre Ergebnisse nachgeprüft und dadurch als falsch ‚bewiesen' werden, daß deren Versuchsanordnung verändert nachvollzogen wird. Es genügt nicht, Angaben nachzuprüfen, sondern es ist auch nachzuprüfen, ob die Nachprüfungen den Angaben, die überprüft werden, entsprechen.

Eine gültige, nicht lediglich geltende Wissenschaft muß all solche Scheinbeweise eliminieren, Beweise auf Beweisbares beschränken und für nicht Beweisbares möglichst wahrscheinliche Begründungen anstreben.

Pendant zu diesem gerügten Fehlverhalten ist, so zu tun, als ob nur das Bewiesene und Scheinbewiesene existiere, anderes Vorhandenes dagegen nicht. Dies kuriose Fehlverhalten ist in riesigem Umfang vorhanden und schädlich wirksam. Je geringer der Grad der Fertigkeit des Wissenschaft Betreibenden oder Anwendenden, mit Wissenschaft umzugehen, entwickelt ist, um so mehr tritt solch Fehlverhalten auf. So bemüht sich der Arzt oft redlich und schädlich, die Diagnosen seiner Patienten gemäß Lehrbuch umzufrisieren, obwohl er es in der Praxis nur mit einer Minderheit an Lehrbuchfällen zu tun hat. Vorhandenes, nicht Er- und Bekanntes fällt nur allzuoft unter den Tisch, wird nicht beachtet, getan als ob es nicht existiere, so daß nur mit einem netzförmig ausgewähltem Teil der Realität umgegangen wird. Da so auf den anderen, umfangreicheren Teil nicht reagiert wird, müssen durch solch deformierendes Verhalten Schäden auftreten. Solche Schäden ergeben sich auch im Namen und nicht nur im Mißbrauch offizieller Wissenschaft, da diese das bezeichnete Fehlverhalten noch im ziemlichen Umfang selbst in sich trägt. Im ‚niederen' angewandten Wissenschaftsbereich ist dies stärker der Fall, da die fähigeren Wissenschaftler sich meist den ‚grundlegenden' theoretischen Wissenschaften zuwenden, aber naturgemäß wirkt Fehlverhalten in angewandten Wissenschaften schädlicher als in theoretischen.

Um mit der uns zum Umgang aufgegebenen Umweltrealität ausreichend umzugehen, ist erforderlich, auf sie auch einzugehen, und sich im Umgang nicht auf Bewiesenes und Scheinbewiesenes zu beschränken. Diese Beschränkung spielt tatsächlich eine riesige, verhängnisvolle Rolle. Wissenschaft und Praxis werden von ihr in weiten Teilen beherrscht. Auch aus diesem vorrangig praktischen Grunde ist die Wissenschaft über ihren derzeit erreichten Stand weiter entwicklungsbedürftig, und es ist verkehrt, den gerade erreichten Stand für die generelle Norm zu halten, an der zu messen ist. Erforderlich ist also, auch die noch ungenügend er- und bekannten Bereiche einzuschätzen, für sie möglichst wahrscheinliche Annahmen zu wagen, und mit möglichst wahrscheinlichen Begründungen zu versehen. Wenn deren vorläufiger Charakter bewußt, der mit ihnen arbeitende Wissenschaftler flexibel bleibt, können Annahmen und Begründungen jederzeit durch besser entwickelte und eher treffende ersetzt werden.

Für diese erforderliche Wissenschaftsentwicklung ist auch die Tatsache grundlegend bedeutsam, daß die **Erkenntnishauptaufgabe** die **Einschätzung** ist, und die Bestätigung richtiger Einschätzung durch den Erfolg geschieht, während mehr oder weniger exakte Feststellungen

1. Vorbedingungen der wesentlicheren Einschätzungen sind,
2. deren Korrektur veranlassen,
3. richtige Einschätzungen bestätigen.

Nicht auf Anhieb mögliche Erkenntnisse werden über den Weg von sich weiter entwickelnden Einschätzungen gewonnen, die korrigiert werden, bis die Erkenntnis trifft und dadurch zutrifft. Die Fertigkeit der Einschätzung bedarf der Kultivierung. Diese Kultur wird derzeit durch die ungeduldige und ungenügende Forderung nach Beweis mit Mißachtung alles nicht Bewiesenen behindert. Die Einführung und Entwicklung der Einschätzungskultur kann weitreichend wohltätige Folgen zeitigen.

Die übertriebene Einschätzung des Anwendungsbereichs des Beweises ist auch dadurch bedingt, daß die exakten Wissenschaften am besten entwickelt sind, und die fähigsten Wissenschaftler in ihnen arbeiten. Die nicht exakten Wissenschaften gerieten dadurch in das Schlepptau der exakten. Erstere bedürfen noch ihrer völligen selbständigen Statuierung, zumindest bezüglich der für sie spezifischen Relation von Beweis und Begründung.

Diese nur grob kursorischen Andeutungen über Beweis, Scheinbeweis und Begründung werden nur dem genügend verständlich, der
1. dafür ausreichend Einblick in mindestens eine Wissenschaftsszene hat und
2. fähig ist, seinen Blick für die angeführten Tatbestände zu schärfen.

Dem, für den dies der Fall ist, ‚fallen die Schuppen von den Augen'. Um die Sachverhalte genauer und aufschlußreicher zu vermitteln, bedarf es natürlich einer ausführlicheren Darstellung. In reicher Literatur ist bereits vieles aus diesem Bereich enthalten und nachzulesen.

Was bisher in der Wissenschaft fehlt, ist **Supervision** mittels der fähige Spitzenwissenschaftler Wissenschaftsfehlentwicklungen feststellen und Korrekturen veranlassen könnten 29)."

Das Zitat gibt wohl auch einen Begriff davon, welche groben und schwerwiegenden Fehler in der „real existierenden" 30) Wissenschaft ihr Unwesen treiben. Mit Scheinbeweisen wird bedenkenlos herumgeflunkert, und arglose (???) Politiker ziehen aus solchen Scheinbeweisen völlig kritiklos verheerende Folgerungen. Wenn Beweise vorgetäuscht werden, die keine sind, erfolgt wissenschaftlicher Betrug, und wenn Politiker wissenschaftlichem Betrug folgen, betrügen sie die ihnen anvertraute Bevölkerung und schädigen sie schwer.

Wer diese Fakten unbesehen vom Tisch wischt, kann dem Vorwurf nicht entgehen, von den wissenschaftlichen Fakten und den sich aus ihnen ergebenden Folgen keine Ahnung zu haben und zumindest durch Ahnungslosigkeit die Bevölkerung schwer zu schädigen. Er täte gut, solche Warnungen zu beachten, zu überprüfen und sich gegebenenfalls nach ihnen zu richten.

Aus all dem ergibt sich, daß sich wissenschaftlich nur in der Minderheit der Fälle Beweise erbringen lassen, und daß mehrheitlich ein anderes Verfahren als das der beweisführenden Verifikation zu verwenden ist.

Derjenige, der dies andere Verfahren begründete und literarisch darstellte war einer der demgemäß bekanntesten und angesehensten Philosophen und Wissenschaftstheoretiker dieses Jahrhunderts Karl Raimund Popper 31). Er widerlegte Carnaps Annahme der Verifikation als „der" Methode der Wissenschaft und setzte ihr die gegensätzliche der **Falsifikation** entgegen. Popper argumentiert, daß infolge des sachrichtig unleugbaren Fakts, daß Verifikation meist schwer oder nicht zu erreichen ist, sie durch Falsifikation ergänzt werden muß, die überwiegend das einzig brauchbare und mögliche Verfahren bleibt. Erst wenn die Falsifikation = der Falschheitsnachweis nicht mehr möglich ist, kann eine Annahme als erwiesen gelten.

Damit wird die in der Erkenntnis generelle Verhaltensweise auch für und durch die wissenschaftliche Erkenntnis wiederhergestellt. In der für den konkreten Daseinsvollzug benötigten Erkenntnis wird die jeweilige Lage eingeschätzt und gemäß erfolgter Einschätzung agiert. Erwies sich die Einschätzung als Fehleinschätzung, wird sie korrigiert, wenn das dem Einschätzenden noch möglich ist. Mittels Korrekturen können Einschätzung, Entscheidung und Aktion verbessert werden. Solche verbessernden Korrekturen können weiter verbessert werden, bis schließlich die Einschätzung voll trifft, damit zutrifft und nicht mehr weiter verbesserungsfähig ist.

So ist für den weitaus größeren Teil der Wissenschaft nicht nur erforderlich, statt stur auf Beweis loszugehen „**Einschätzung und Irrtumskorrektur**" 32) zu betreiben, sondern ist auch tatsächlich stets in der Geschichte der Wissenschaft so vorgegangen worden. Es wurden Einschätzungen durchgeführt, wodurch Theorien gebildet wurden, die zur weiteren Überprüfung = Korrektur = Falsifikation anstanden. Solange sich keine Falsifikation durchsetzte, wurde und wird an solche Theorien geglaubt (!) = herrscht ein Paradigma nach Thomas Kuhn. So wie aber die Falsifikation durchdringt, bricht das Theoriengebäude zusammen und tritt eine bessere Einschätzung zutage. Das nunmehr Eingeschätzte steht wiederum zur Falsifikation an, und dies solange, bis keine Falsifikation mehr gelingt. Für die meisten Probleme ist es bis dahin ein weiter Prozeß, demgemäß es wissenschaftlich und noch mehr auch praktisch falsch ist, das noch nicht Falsifizierte oder noch nicht als falsifiziert Anerkannte als „bewiesen" auszugeben, daran zu glauben und andere, wie unwissende Politiker, zu veranlassen, aus solchem tatsächlich unbewiesem bloß Geglaubtem praktische Konsequenzen zu ziehen, die sich dann als schädlich erweisen.

Solange etwas noch nicht falsifiziert ist, darf, was mit einer herrschenden Annahme nicht übereinstimmt, noch nicht als falsch ausgegeben und es anzunehmen als unerlaubt behandelt werden. Gegenannahmen können sich später als richtig herausstellen, und die Geschichte der Wissenschaft enthält leider eine Fülle von Beispielen, in denen dies der Fall war. Dadurch wurden viele hochleistungsfähige Wissenschaftler und Erfinder schwer verunglimpft und geschädigt 33), weswegen mit diesbezüglichen rührseligen Filmen Geld verdient werden kann. Dann wird das Schicksal Verstorbener, die nicht mehr weinen können, beweint, doch über die gleichartigen Schicksale, die sich in der jeweiligen Gegenwart abspielen, wird großzügig hinweg gesehen und den Nachfahren überlassen, sich über die dann Toten rühren zu lassen.

Derzeit läuft eine Phase wissenschaftlicher Schizophrenie ab. Die passende = richtige Wissenschaftsmethode wurde endlich erkannt, aber sie wird allermeist nicht angewendet. Popper wurde als der bahnbrechende Wissenschaftstheoretiker lauthals gefeiert, und die ernsthaften Wissenschaftler praktizieren seine tiefgreifende Wissenschaftsreform:
So etwa der überragende Universalgelehrte Carl Friedrich von Weizsäcker:
„Die Wissenschaft ist pragmatisch erfolgreich als Näherung" 34).
„Es gibt Zusammenhänge, die an den getrennten Objekten oder den getrennten Alternativen überhaupt nicht wahrnehmbar waren" 35).
„Ein Mensch, der nur das Beweisbare glaubt, ist ein völlig unerträgli-

cher Zeitgenosse. Wer immer nur von der Beweisbarkeit ausgeht, macht sich bestimmte Erfahrungen beinahe unmöglich" 36).
„Ein Ausgangspunkt von absoluter Gewißheit ist nicht vorhanden" 37).

Aber die Grunderkenntnisse der Erkenntniswissenschaftler wie Popper, von Weizsäcker, Vollmer und weiterer werden vom Gros der Wissenschaftler ignoriert. Sie bewegen sich weiter in früheren Denkweisen, die längst antiquiert sind und vor langer Zeit einmal galten. Sie haben die entscheidenden Wissenschaftsfortschritte anscheinend verschlafen, und unsere „zuständigen" Politiker folgen wie gutmütige Schafe solchen mit gutem Schlaf gesegneten Wissenschaftlern.

Die meisten haben zwar mal von dem Wissenschaftstheoretiker Popper etwas gehört, kennen diesen Denker aber wohl nur als den ebenfalls preisgekrönten Autor des renommierten Werkes „Die offene Gesellschaft", dem Vorzeigebuch der modernen Demokratie, in dem Toleranz als zu befolgendes Ethos gewiesen ist. Wissenschaftler und Politiker, die mit Scheinbeweisen, die nicht stimmen, Verbote von wohltätigen Heilmitteln begründen und aussprechen, wirken in unserer angeblich offenen Gesellschaft verheerend intolerant.

6. Leichter verständliche Zusammenfassung wissenschaftlich falscher und richtiger Nachweismethodik.

Da das vorstehende wissenschaftstheoretische Kapitel für viele Betroffene und mit der Problematik Befaßte nicht so leicht verständlich sein dürfte, wird das für die Praxis Wichtigste kurz zusammengefaßt:

Erkenntnis hat generell für den Ablauf der Realität einen bestimmten Zweck, der meist nicht anders erreichbar ist. Im Realitätsablauf = dem Geschehen Mitspielende müssen erkennen, entscheiden und agieren = tätig werden, um sich in der Vielfalt der Beteiligten entfalten und durchsetzen zu können. Erkenntnis erfolgt in Einschätzung der Lage und der sich in ihr bietenden Möglichkeiten. Wenn mit der getroffenen Einschätzung der gewünschte Erfolg erreicht wird, war sie richtig, andernfalls falsch = eine Fehleinschätzung, abgesehen von Unzulänglichkeiten, die der Einschätzende nicht beheben konnte. Für abstrakte wissenschaftliche Erkenntnis ist die unmittelbare Anzeige von richtig oder falsch durch den Grad des Erfolges nicht möglich. Für völlig durchschau- und erfaßbare Sachlagen kann an die Stelle des sicher anzeigenden Erfolges der ebenfalls sicher anzeigende Beweis treten. Er ist im idealen Bereich, so in Logik und Mathematik, möglich, im Realbereich dann, wenn ebenfalls alles zur Beurteilung Nötige erfaßbar ist. Allermeist ist dies jedoch für Reales nicht möglich, da von ihm nur Teile wahrnehm- und erkennbar sind, andere dagegen nicht, so daß keine vollen Beweise möglich werden, demgemäß wieder auf die Einschätzung als Grundmethode der Erkenntnis zurück gegriffen werden muß. Durch fortschreitende, verbessernde Korrekturen des Eingeschätzten kann der zutreffenden Erkenntnis näher gekommen werden. Die Korrektur von versuchten Einschätzungen wird als Falsifikation bezeichnet. Mit ihr wird gezielt versucht, das als richtig Eingeschätzte als falsch nachzuweisen. Gelingt dies, wird die Einschätzung verbessert, gelingt keine Falsifikation mehr, ist die zutreffende = richtige Erkenntnis erreicht. Während für den kleineren Teil der Wissenschaftsaufgaben die Methode der verifizierenden = wahrheitsermittelnden Beweisführung möglich ist, muß für den weit größeren Teil die von **Einschätzung und Irrtumskorrektur** verwendet werden. Sie kann auch als **die Methode, Theorien zu bilden und diese anschließend zu falsifizieren zu versuchen,** bezeichnet werden.

Werden Beweise versucht, wenn solche garnicht möglich sind, vielmehr die

Methode von Einschätzung und Irrtumskorrektur sachrichtig zu verwenden ist, erfolgt ein unerlaubter, oft schwerwiegender wissenschaftlicher Fehler.

Derzeit ist die Kenntnis dieser differenzierten wissenschaftlichen Methodik erreicht und gesichert, doch ist die Kenntnis dieser nunmehr erreichten, gesicherten Wissenschaftsmethodik noch so ungenügend verbreitet, daß viele derzeit „real existierende" Wissenschaftler noch den genannten, unerlaubten Wissenschaftsfehler begehen, Scheinbeweise liefern und mit ihnen Wissenschaftsgläubigen, die nicht durchblicken, Irrtümer suggerieren. Die erforderlichen Fortschritte darin, diese oft schwerwiegenden Wissenschaftsfehler abzustellen, stagnieren auch dadurch, daß die Praktiken wissenschaftlicher Supervision und interdisziplinärer Unterrichtung ungenügend entwickelt sind. Wissenschaftstheoretisch Fortgeschrittene sollten nach dem jetzigen Kenntnisstand nicht mehr nötige Wissenschaftsfehler aufspüren und anmahnen, daß sie abgestellt werden. Politiker dürften sich für ihre Entscheidungen nicht auf solche Wissenschaftler verlassen und sie als „zuständige" Gutachter wählen, die derartige Fehler begehen, sondern sich von den tatsächlich bestinformierten Wissenschaftlern besser informieren lassen.

7. Beantwortung zur wissenschaftlichen Beurteilung der vorgeschriebenen Wirksamkeitsnachweismethodik für Heilmittel gestellten Fragen.

Die gestellten Fragen lassen sich somit beantworten:
21: **Wissenschaftliche Nachweise sind generell mit Einschätzung und Irrtumskorrektur zu führen. Sind alle zur Beurteilung benötigen Komponenten durchschau- und erfaßbar, können außerdem überprüfbar gültige Beweise geliefert werden. Solche Beweise lassen sich nur in der Minderzahl des wissenschaftlich Erforschbaren führen, so daß mit Einschätzung und Irrtumskorrektur begnügt werden muß.** Die Wahrscheinlichkeit, daß Eingeschätztes sachrichtig zutrifft, wächst mit dem Grad der Begründung. **Durch Korrektur von Eingeschätztem wird der richtigen Erkenntnis genähert.**
30. **Die geltende Heilmittelnachweismethodik stimmt mit dem wissenschaftlichen Stand der Nachweismethodik nicht überein, sondern folgt einem längst überwundenen und als falsch erkannten.**
31. **Die mit der Überprüfung beauftragten Experten genügen dem wissenschaftlichen Stand der Nachweismethodik nicht.**
32. Ob diese Experten von diesem wissenschaftlichen Stand Kenntnis haben oder nicht, können nur sie selbst beantworten. Zu ihren Gunsten kann vermutet werden, daß sie diese Kenntnis nicht haben.
33. Woraufhin Staatsvertreter solche „Experten" ohne erforderlichen Kenntnisstand oder solche, die diesen Kenntnisstand nicht anwenden, beauftragen, bleibt uns unbeantwortbar, nur feststellbar, daß es keine Berechtigung zu solcher Beauftragung gibt.
34: Diese Fragen können nur die befaßten Staatsvertreter beantworten. Außenstehende können nur vermuten, daß ihnen die Klarheit fehlt und daß sie dadurch nicht wahrnehmen oder verdrängten.

Immerhin: Eine schöne Bescherung.

8. Die konkrete Anwendung der wissenschaftstheoretischen Erkenntnisse auf die vorgeschriebene Nachweismethodik der Wirksamkeit von Heilmitteln.

Die Wirkungen von Heilmitteln lassen sich nicht vollständig erfassen. Es lassen sich daher allermeist keine end- und vollgültigen Beweise für solche Wirkungen erbringen, sondern nur Einschätzungen aus Erfahrung, welche Einschätzungen fortlaufend korrigiert und verbessert werden. **Mit randomisierten Doppelblindstudien gültige Beweise erbringen zu wollen und mit solchen Beweisen Zulassungen und Verbote sachrichtig begründen zu können, ist eine abenteuerliche, ganz ungerechtfertigte Illusion.**

Einer solchen Illusion nachzujagen, beweist, daß die sie Propagierenden sich in Unkenntnis des erkenntis- und wissenschaftstheoretischen Kenntnisstandes befinden, somit grundlegende Wissenschaftserkenntnisse verschlafen haben und längst überwundene Irrtümer aufwärmen. Sie behaupten, was unmöglich geht, und die bisherigen miserablen Resultate dieser ganz verfehlten Versuche demonstrieren deutlich, daß auf diese Weise nur unsinnige Fehlresultate zustande kommen, die unverantwortlich sind.

Einschätzen kann nur der, der das Einschätzende auch kennt, hinlänglich mit ihm gearbeitet hat und zu einer Beurteilung dadurch kompetent ist, vornehmlich so der Arzt, der ein Heilmittel lange richtig verwendete, demnächst auch der Patient, der die Wirkung erlebt, nicht aber ein Theoretiker, der mit Verblindung statistisch signifikante „Beweise" zu erzielen versucht.

Beweisen lassen sich nur eindeutige, prompt immer wiederkehrende Wirkungen, die in der Beseitigung oder Besserung von Krankheitssymptomen oder im Entstehen krankhafter Schäden bestehen.

Sowohl Beweis- wie Einschätzbares läßt sich auf Signifikanz statistisch aufarbeiten. Solche statistische Aufarbeitung kann die Aussagekraft von Beweisen und Einschätzung durch höhere Quantität stärken, aber nicht ersetzen.

Für die Beurteilung entscheidend ist immer die aus der sorgfältigen und richtigen Beobachtung gewonnene Erfahrung, und diese Erfahrung ist formaler scheinwissenschaftlicher Akrobatik überlegen.

Somit sind auch die gestellten Hauptfragen eindeutig beantwortbar:
1: **Die geübte Reglementierung von Heilmitteln bewirkt Schaden und keinen Nutzen.**
2: **Sie ist** gegenüber unreglementierter Handhabung **ein schwerer, unverantwortlicher Rückschritt,** bringt keinen Fortschritt und ist nicht zu befürworten.

Damit ist die zutreffende Lösung der Problematik der Zulässigkeit von Heilmittelreglementierungen gegeben.

9. Ist die staatliche Reglementierung von Heilmitteln eine positive nützliche Leistung oder ein schädlicher Irrtum?

Nach Beantwortung der Hauptfragen, welche die Problematik der Reglementierung von Heilmitteln enthält, wird auch die diesbezügliche Rolle des Staates beurteilbar. Wenn dafür die richtige Beurteilung gewonnen werden kann, sind auch die gestellten **Fragen 3 - 11 und 13** beantwortbar.

Die Staatsvertreter begründen die von Ihnen betriebene Reglementierung von Heilmitteln mit der Aufgabe des Staates, die Bürger zu schützen. Somit ergibt sich als Grundfrage hinsichtlich der Rolle des Staates die Frage 4, die eindeutig zu bejahen ist. **Der Staat hat die Aufgabe, die Bürger zu schützen.** Damit ergibt sich die Frage, ob der Staat
1. diese Aufgabe erfüllt,
2. sie hinsichtlich Heilmitteln durch Reglementierung in der nunmehr vorgeschriebenen Form erfüllt.

Allbekannt ist, daß
1. der Staat seine Aufgabe im Laufe der Geschichte ungenügend erfüllt hat,
2. die verschiedenen Staaten ihre Aufgabe in sehr verschiedenem Grade erfüllten oder nicht erfüllten,
3. die genannte Aufgabe das Motiv des Staates ist, dem dieser seine Existenzberechtigung verdankt,
4. daß Staaten auch andere Aufgaben übernehmen, als die genannte, deretwegen sie da sind.

Diese Fakten ergeben Fragen danach, wieweit Staaten richtig verfuhren und verfahren oder nicht = ihre Aufgaben erfüllten und erfüllen oder nicht.

Solche weitreichenden Fragen können in diesem speziellen Buch natürlich nur soweit behandelt und beantwortet werden, wie sie für das Buchthema von Belang sind. Da Fakten und Probleme vielfältig miteinander zusammen hängen, ist es zweckmäßig, auch manches zu nennen, das nicht unmittelbar mit dem Thema des Buches zusammenhängt, aber doch mittelbar, da andernfalls die unmittelbar zu stellenden Fragen nicht ausreichend beantwortet werden können.

Wenn der Staat durch die Aufgabe, die Bürger zu schützen, seine Existenzberechtigung erhält, ergibt sich die Frage, ob er auch andere Aufgaben zu erfüllen hat. Solche Aufgaben können ganz andersartige weitere zusätzliche sein, die mit dem Schutz der Bürger nichts zu tun haben, oder solche, die sich zusätzlich aus der genannten Aufgabe dadurch ergeben, daß der Staat sich zusätzlich in Stand setzen muß, um den Schutz der Bürger gewährleisten zu können. Da der Staat die Bürger nicht schützen kann, wenn er dazu nicht in der Lage ist, ergibt sich eindeutig, daß die zweite Aufgabenart dem Staat ebenfalls zukommt. Damit ist sein Verwaltungsapparat mit seinen verschiedenen Varianten zumindest grundsätzlich sachrichtig berechtigt, nur bleibt weiter zu fragen, ob und welche Korrekturen an diesem Apparat = Reformen zweckmäßig sind, was im hiesigen Zusammenhang nicht zu untersuchen ist.

Ethisch begründete Aufgaben des Staates außerhalb seiner Aufgabe des Bürgerschutzes sind nicht feststellbar = gibt es nicht. Auf diese Einsicht gründete Rousseau den von ihm geforderten „Gesellschaftsvertrag" 38) und gab damit wohl die wichtigste Grundlage für die politische Wissenschaft und Praxis. Die ethische Grundlage des Staates auszusprechen, wurde aber dadurch nötig, daß die Staatspraxis ihr nicht entsprach. Die Entwicklungsgeschichte des Staates ist anders begründet als durch die ethische Forderung an ihn, die allein seine ethisch berechtigte Aufgabe begründen kann.

Der primäre Keim, der zur Entwicklung des Staates führte, ist das Bedürfnis nach Schutz. Dies Bedürfnis führte bereits unter Tieren zu Sozietäten = Gesellschaften, deren Mitglieder verschiedene Funktionen übernehmen. Diese verschiedenen Funktionen sind in ihrer Bedeutung für die Gesellschaft verschieden und erhalten verschiedenen Rang. Sowohl Schutz wie Zusammenleben benötigen, um funktionieren zu können, einen genügenden Grad der Gleichgerichtetheit im Verhalten der Gesellschaftsmitglieder. Um so etwas zu erreichen, bedarf es der Funktion, die dies zustandebringt und gewährleistet. Dasjenige mit einem in sich einheitlichen Willen versehene Gesellschaftsmitglied, das diese Funktion ausfüllt, erhält eine Macht, ohne die Zustandebringen und Gewährleisten nicht möglich sind. So entstand die Gesellschaftshierarchie, in der sich bevorrechtigte und weniger berechtigte Gesellschaftsmitglieder unterscheiden, auch unter der Bezeichnung „Hackordnung" bekannt. Das oberste Gesellschaftsmitglied erhält eine Machtfülle, die ihm die Möglichkeit gibt, sie nicht nur für das Wohl der Gesellschaftsmitglieder, sondern auch zum erhöhten Nutzen für sich selbst zu verwenden. Dieser vom ethischen Standpunkt Mißbrauch der Macht, ist uns von höher entwickelten

Säugetieren, so Hirschen, Affen und von anderen geläufig.

In gleicher Weise entwickelten sich menschliche Gruppen, die zu Horden und Stämmen zusammenfanden, was schließlich bis zur Bildung festgefügter Staaten führte. Je nachdem, welchen Charakter der jeweilige Staatsführer hat, nutzt er seine Macht mehr oder weniger rigoros für sich selbst und gegebenenfalls die Seinen aus oder wird, wie Friedrich II. von Preußen, zum „ersten Diener des Staates".

Auf diese Weise entstand das Feudalsystem, das viele Jahrtausende überdauerte und auch heute noch unentwegt in manchen Staaten besteht, in vielen anderen aber in der inzwischen ähnlichen Staatsform der Diktatur. Feudale und diktatorische Staaten sind dadurch charakterisiert, daß zu der Aufgabe, zu deren Erfüllung Gesellschaften und Staaten entstanden, andere hinzutraten, deren Erfüllung nicht dem Wohl der Staatsbürger, sondern dem der Machthaber dient.

Auf diese Weise ergab sich der oben zu 1. genannte Fakt, daß der Staat im Lauf der Geschichte seine Aufgabe nicht erfüllt hat. Da die Macht der Machthaber nicht mehr durch die Macht der ursprünglich von ihnen vertretenen Bürger gebremst werden konnte, erreichte die Ausbeutung, Knechtung, Versklavung und Verelendung der zu Untertanen verkommenen Staatsangehörigen rigorose Ausmaße, welche die schöne Erde zum „Jammertal" machten, was nach den Phasen der Natur- und Volksreligionen bis zu Erlösungsreligionen führte. Durch die Unterdrückung der Bevölkerungsmehrheiten durch Minderheiten wurde die als Weltgeschichte bezeichnete Geschichte der Menschheit zu einer fortwährenden Kette bestialischer Ungeheuerlichkeiten. Dies ist allbekannt, wenn es sich die meisten auch nicht so bewußt machen, weil das Ausmaß des Grauens die Fähigkeit zum gedanklichen Nachvollzug für die meisten Menschen übersteigt, die solche furchtbaren Fakten lieber verdrängen.

Die Fakten der Menschheitsgeschichte veranlaßten Hans **Dollinger** sie im „Schwarzbuch der Geschichte" 39) zusammenzufassen, das als weitere Untertitel enthält: „5000 Jahre der Mensch des Menschen Feind." „Die Welt ist voll böser Gewalt oder ‚Ihr seit Kinder, die mit Rasierklingen spielen' ". Der letztgenannte Ausspruch stammt von **Mahatma Gandhi**. Im Vorwort: „Dies Buch will zeigen, zu welchen bestialischen Grausamkeiten der Mensch gegen seine Schwestern und Brüder, seine Artgenossen, fähig ist – ein Verhalten, das allein ihn unter den Lebewesen auf der Erde auszeichnet –, denn Tiere kennen dieses grausame Verhalten nicht." Dann wird Sigmund Freud, der Vater der Psychoanalyse zitiert: „Wir nehmen an, daß die Triebe des Menschen von zweierlei Art sind, entweder solche, die erhalten und vereinigen wollen.... und andere, die zerstören und töten wollen: Wir fassen diese als Aggressionstrieb oder Destruktionstrieb zusammen".

Während Hegel, 40) ein Feudalherrendiener und -günstling diese grauenvolle Geschichte zur Manifestation des absoluten Geistes erklärte, den Staat als „die selbstbewußte sittliche Substanz", äußerten große Geister die konträre Beurteilung:

Goethe: „...Die Wahrheit, daß es zu allen Zeiten und in allen Ländern miserabel gewesen ist. Die Menschen haben sich stets geängstigt und geplagt; sie haben sich untereinander gequält und gemartert, sie haben sich und den anderen das bißchen **Leben sauer gemacht, und die Schönheit der Welt und die Süßigkeit des Daseins, welche die schöne Welt ihnen darbietet, weder zu achten noch zu genießen vermocht.**" 41)

Schiller: „Die Welt ist vollkommen überall,
wo der Mensch nicht hinkommt mit seiner Qual". 42)

Kant: „Da die Menschen in ihren Bestrebungen nicht bloß instinktmäßig wie Tiere und doch auch nicht wie vernünftige Weltbürger nach einem verabredeten Plane im Ganzen verfahren, so scheint auch keine planmäßige Geschichte von ihnen möglich zu sein. Man kann sich eines gewissen Unwillens nicht erwehren, wenn man ihr Tun und Lassen auf der großen Weltbühne aufgestellt sieht, und bei hin und wieder anscheinender Weisheit im einzelnen, doch endlich alles im Großen aus Torheit, kindischer Eitelkeit, oft auch kindischer Bosheit und Zerstörungssucht zusammen gewebt findet." 43) 44)

Wer die Aufgaben der Gesellschaftsentwicklung und des für sie entscheidend wirksamen Staates sachrichtig erkennen will, muß von den Fakten ausgehen:
1. daß die Menschheit Jahrtausende lang grausamer Unterdrückung und Mißhandlung unterworfen war und großenteils immer noch ist,
2. daß, wer das Glück hat, davon ausgenommen zu sein, in steter Gefahr

schwebt, wieder in diesen unheilvollen Zustand zurückzukehren.

Für einen erheblichen Teil der Menschheit wurde er erst in diesem Jahrhundert beendet, nachdem in den vorangegangenen beiden Jahrhunderten eine Entwicklung stattfand, die mittels Reformen und Revolutionen diese grandiose befreiende Wende ermöglichte. Seitdem sind an die Stelle obrigkeitlich diktierender Bevormundung Staats- und Gesellschaftsverhältnisse getreten, in denen die Menschen sich zumindestens wesentlich freier von solcher Bevormundung entfalten können, in der sie allerhand Freiheiten genießen, und in denen sie auch ein wenig an Möglichkeiten haben, auf die Entwicklung des Staates und der Gesellschaft zusammen mit allen anderen Einfluß zu nehmen.

Dieser sehr weit bessere Zustand wird als **Demokratie** = Volksherrschaft bezeichnet. Er **ist** so **ungemein** besser als was ohne ihn Weltgeschichte war und ist, daß im hiesigen Zusammenhang die Frage unerörtert bleibt, ob und wieweit er die genannte Bezeichnung verdient, und ob und wieweit er selbst noch weiter generell verbesserungsbedürftig ist.

Die meisten, die in diesem glücklicheren Gesellschaftszustand leben, in ihm aufgewachsen sind und keinen anderen als ihn kennen, halten ihn anscheinend für selbstverständlich, und machen sich deshalb um ihn und seine Erhaltung keine Gedanken. **Die wenigsten sind sich darüber im klaren, wie labil er ist, und daß er jederzeit wieder beendet, dahin, verspielt und das Jahrtausende lange Elend wieder eingetreten sein kann. Daß dies jederzeit möglich ist und droht, wurde in diesem Jahrhundert, das den größten politischen Fortschritt der Menschheitsgeschichte brachte, mehrfach nachdrücklich demonstriert, durch diktatorische Regime, die errichtet wurden, nachdem Demokratie bereits errungen war, wie solche, die sich auf ideologische Heilslehren beriefen oder berufen, wie Kommunismus, Faschismus, Nationalsozialismus, Fundamentalismus, sowie weitere, die auch ohne solche Heilslehren auskommen, sowie außerdem durch den schlimmsten Krieg der Menschheitsgeschichte.**

Viele Jahrtausende hat es gedauert, bis endlich ein Zustand relativer Freiheit und Entfaltungsmöglichkeit erreicht wurde. Dieser Zustand kann aber nur erhalten werden, wenn stetig alles Erforderliche zu seiner Erhaltung aktiv getan und nicht wie es gerade sich ergibt weitergewurschtelt wird. **Etwas** aufbauen ist langwierig und schwierig. In diesem **Fall dauerte es Jahrtausende und forderte allerschwerste Opfer.** Entzwei gehen ist dagegen, wie jeder weiß, **sehr leicht und kann sehr schnell passieren. In dieser Lage befinden wir uns hinsichtlich unserer Freiheit, unserer Entfaltungsmöglichkeit, unserer Menschen- und Bürgerrechte, unserer natürlichen Lebensgrundlage. Alles kann jederzeit dahin sein, wenn wir nicht aufpassen.**

Das Jahr 1984, nach dem George Orwell seine eindringliche Warnung nannte, ist vorbei. Er orientierte sich an der von Stalin inszenierten Methode der Gehirnwäsche, mit der dieser seine riesige Zwangsherrschaft aufrecht erhielt. **Orwell demonstrierte, was** aus dieser Methode **werden kann,** wenn sie weltweit konsequent angewendet wird: **Völlige Versklavung und Verblödung der Menschheit.** Inzwischen ist diese jedoch erheblich „fortgeschritten", und verfügt über **mehr und wesentlich eleganterere Methoden, die das gleiche Ziel,** jede auf ihre Weise, **erreichen** können: Gleichschaltungen mittels Werbungspsychologie, Produktions- und Konsumlenkung, gleichschaltende Informationen oder Psychopharmazis, Gentechnik zur Klonierung technisch intelligenter, pflegeleichter, dirigierbarer Massen und, und, und. **Alles das** und vieles weitere **ist möglich, wenn nichts aktiv unternommen wird, daß es nicht möglich wird,** insbesondere **wenn nicht den Anfängen gewehrt wird.** Neunmalkluge fragen und jammern: „Wie konnten unsere Väter das (die Naziherrschaft) zulassen?" und lassen zu, was heute geschieht, und wehren den verderblichen Entwicklungen, die jetzt geschehen, nicht. Alles Zetern um Vergangenes hilft nicht, wenn wir nicht fähig sind, das heutige Unheil abzuwenden.

Das heißt, **wir müssen erkennen, wenn Vertreter des Staates und anderer Gesellschaftsfunktionen ihre Aufgaben überschreiten und sich anmaßen, was ihnen nicht zukommt. Wenn Bürger ihre Heilmittel nicht mehr wählen können, wie sie selbst wollen, sondern der Staat ihnen gebietet und verbietet, was sie zu schlucken und was nicht zu schlucken haben, haben sie ihr ethisch unveräußerliches Menschenrecht auf Heilmittelnutzung verloren, und der Anfang vom Ende menschlicher Freiheit hat begonnen.**

Wer diese logisch unabweisbare Folgerung für übertrieben hält, hat die vorstehende kurze kursorische, aber eindringlich zusammengefaßte Darlegung nicht verstanden und, was schwerer wiegt, nicht begriffen.

Das Problem der Heilmittelreglementierung geht über die katastrophale Schädigung vieler Kranker, die durch solche sachlich falsche Reglementierung sterben oder schlimmer als zuvor leiden werden, noch weit hinaus. Es geht um das Schicksal menschlicher Freiheit, damit der Menschheit überhaupt und ihre Möglichkeit zu sinnvollem Leben. Wenn der Staat seine Bürger wie unmündige Kinder behandelt und ihnen vorschreibt, was sie zu tun und zu lassen haben, behandelt er sie wie ein Feudalherr oder Diktator als Untertanen, und Demokratie ist abgeschafft.

Auf welche Weise Menschen ihre Freiheit und Menschenrechte einbüßen und Jahrtausende lang eingebüßt haben, wurde vorstehend angegeben: Minderheiten bemächtigen sich der Macht und unterjochen die Mehrheit. Der Drang zu dieser Entwicklung ist überall vorhanden und wirkt in den verschiedensten Bereichen unentwegt. Keineswegs sind es nur Feudalherren oder andere Diktatoren, die diesem Drang folgen. An die Stelle der Feudalherren traten die Großkapitalisten, die den Kommunismus bewirkten. Dessen Parteifunktionäre machten es genau so und noch schlimmer. Etwas glimpflicher, aber im Prinzip ebenso, machen es auch andere Funktionäre der verschiedensten Art. Selbst harmlos geborene Bürokraten verirren sich in solch Verhalten. Wer irgendetwas zu sagen und zu kommandieren hat, unterliegt dem Sog, sich wichtig zu tun, und alles Mögliche zu regeln und damit zu befehlen, wobei er die Grenze zwischen dem, wozu er zum Wohle der Allgemeinheit berufen ist, und dem, wozu er nicht berufen ist, selten genau wahrnimmt. Das ist der schlichte Grund, weswegen sich Staatsvertreter allerhand anmaßen, was sie garnicht zu regeln haben, weil es ohne ihre Regelung viel besser funktioniert. Da sie reichlich mit Steuern versorgt werden, sind sie anscheinend auch „redlich" bemüht, ihr bezogenes Gehalt abzuarbeiten und suchen sich Arbeit auf Feldern, auf denen sie nichts zu suchen haben.

„Das höchste Glück der Deutschen ist, hinter dem Schalter zu sitzen" meinte **Tucholsky.** Wer hinter dem Schalter sitzt, kann den, der vor dem Schalter steht, kujonieren und ihm beweisen, wer hier der Stärkere ist. Wenn Bürger, Ärzte und Pharmafirmen sich die staatliche Reglementierung von Heilmitteln gefallen lassen, ist der Beweis derer, die hinter dem Schalter sitzen, gelungen.

Die meisten Politiker und ihre Anhänger, auch Sozialdemokraten und ähnliche, plädieren derzeit für Marktwirtschaft, und zwar soziale Marktwirtschaft. Das heißt: den gestaltenden Gesellschaftskräften soll freier Raum zur Entfaltungsmöglichkeit gegeben werden, wodurch die gesellschaftliche Selbstregulierung erfolgt, die staatliche Eingriffe nicht fördern, sondern schädigen. Die Tätigkeit des Staates hat sich also auf die Bereiche zu beschränken, in denen bewußte Planung, Entscheidung und Handlung naturgemäß nötig sind. Das trifft für den Schutz der Bevölkerung sowie ihrer Lebensgrundlage zu. Hier hat die staatliche Tätigkeit ihre Domäne, und der Staat hat damit reichlich genug zu tun, was er leider zur Zeit nicht leistet, wie die steigende Kriminalität und die Bildung nichtstaatlicher Bürgerwehren beweist. Anstelle ihrer tatsächlichen Aufgabe des Bürgerschutzes nachzukommen, tummeln sich Staatsvertreter in Bereichen außerhalb ihres Aufgabengebiets.

Demgemäß ist einerseits zu konstatieren,
daß die derzeitigen Staats- und Gesellschaftsverhältnisse bei uns sehr viel besser sind, als die ehemaligen und jetzigen feudalen und diktatorischen, sowie daß
andererseits auch bei uns der Staat nur ungenügend seine Aufgabe erfüllt. Dies Ungenügen hat abgenommen, aber ist leider nicht beseitigt. **Es ist noch sehr viel vonnöten, bis der Staat seine Aufgabe erfüllt,** sowohl daß er das, wozu er da ist, auch leistet, wie das, wozu er nicht da ist, nicht mehr leistet. Es bedarf gemeinsamer Anstrengungen der Bürger und ihrer Vertreter, daß der Staat damit aufhört, seine Nase in Dinge zu stecken, welche die Bürger und Sachzuständigen zu regeln haben, daß er somit damit aufhört, ihm nicht Zukommendes zu reglementieren, womit er die Bürger wieder zu Untertanen degradiert und Demokratie zerschlägt.

Zur Reglementierung von Heilmitteln sind Staatsvertreter mit völliger Sicherheit unfähig und unzuständig. Sie haben von Heilmitteln, ihren Wirkungen, Wirkungsnachweismöglichkeiten und sonstigen Belangen keine Ahnung und sind damit zu begründeten, geschweige denn sachrichtigen Entscheidungen völlig unfähig. Um Entscheidungen zu fällen und zu motivieren, sind sie gezwungen, sich an andere zu wenden, die angeben, über die erforderliche Ahnung zu verfügen, und liefern sich diesen unbesehen vollständig aus. Die Staatsvertreter sind unfähig, die Fähigkeit dieser angeblichen Experten zu beurteilen. Nur wenn diese allergröbste Fehler begehen, merken es sogar die Staatsvertreter. Tatsächlich liegen in dieser Hinsicht bereits extreme Kuriositäten vor. Diese angeblichen Experten, welche über Zulassungen und Verbote von Heilmitteln effektiv entscheiden, sind im Bundesgesundheitsamt konzentriert. Sie erlaubten sich bereits derart krasse Fehler, daß diese selbst dem Bundesgesundheitsminister auffielen, und er dies anrüchige Amt kurzerhand verbot. Inzwischen ist es jedoch wieder installiert und entfaltet weiter seine unselige Wirkung. Die Staatsvertreter vollziehen wieder, was aus dieser unsauberen Quelle kommt. Wie allgemein bekannt, unterscheidet sich das Bundesgesundheitsamt sehr unvorteilhaft von dem ihm formal strukturell ähnlichen Bundesumweltamt, das ganz wesentlich bessere Arbeit geleistet hat, zumindest unter seinem früheren langjährigen Leiter. Unerfindlich bleibt, wie ein solcher Staat im Staate wie das Bundesgesundheitsamt unkorrigiert durch die vielen bestehenden demokratischen Gremien, trotz aller Beanstandungen sein Unwesen treiben kann. Die Proteste fachlich kompetenter Ärzte, die falsche Heilmittelverbote nachwiesen, konnten an den sachlich unzulässigen Diktaten des Bundesgesundheitsamtes bisher nichts ändern. Solche Eingriffe in die ärztliche Behandlungsfreiheit sind offensichtlich kriminell und bedürfen unbedingt angemessener Korrektur. Solche verfehlten Verbote betreffen nicht nur sogenannte Naturheilmittel, sondern auch andere in der offiziellen Medizin entwickelte Arzneien. Wie derartige Entgleisungen in einer angeblichen Demokratie möglich sein können, ist durch die zuständigen Politiker erklärungsbedürftig.

Nachdem die gestellte Frage 4 bereits eingangs dieses Kapitels beantwortet wurde, lassen sich nun auch die Fragen 3, 6, 8, 10, 11 und 13 beantworten:

3: **Die vorgeschriebene Reglementierung von Heilmitteln ist mit Demokratie nicht zu vereinbaren.**

6: **Zum Schutz ist nicht erforderlich, staatlicherseits zu ermitteln, welche angeblichen Heilmittel schädigen oder nützen. Für diesen Schutz sind** vielmehr **die kompetenten Behandler,** sie gegebenenfalls wissenschaftlich Kontrollierende **und die betreffenden Bürger selbst zuständig.**

8: **Vertreter des Staates sind nicht kompetent, Entscheidungen über Zu lassungen und Verbote von Heilmitteln zu fällen.**

10: **Die Vertreter des Staates wenden sich nicht an ausreichend kompetente Gutachter. Diese ermöglichen ihnen keine sicher sachrichtigen Entscheidungen.**

11: **Die von den Staatsvertretern herangezogenen und beauftragten Gut-**

achter sind nicht ausreichend kompetent und entsprechen nicht dem derzeit höchstmöglichen Stand der Nachweismethodik.

13: **Es ist nicht berechtigt, Entscheidungen über Zulassungen und Verbote von Heilmitteln zu fällen, da solche Entscheidungen nicht sicher sachrichtig gefällt werden können.**

An dieser Stelle bleiben die Fragen 5, 7, 9 noch unbeantwortbar. Es bedarf noch weiterer Untersuchungen, um auch sie zu beantworten.

10. Die zum Schutz von Freiheit nötige Freiheitseinschränkung.

Freiheit ist eins der am meisten benötigten Güter. Ohne ausreichende Freiheit verläuft das Leben unglücklich und ist sinnwidrig. Aber Freiheit ist weder uneingeschränkt möglich, noch wünschenswert. Wer zuviel Freiheit genießt und zuwenig auf andere und anderes zu achten braucht, entartet, funktioniert nicht mehr, und wird selbst durch übermäßige Freiheit unglücklich. In sogenannten entwickelten Ländern hat zügellose Freiheit derzeit verheerende Verwicklungen bewirkt, an denen wir alle zu leiden haben. Nur das rechte Maß an Freiheit wirkt wohltätig. Somit muß Freiheit auch soweit eingeschränkt werden, daß dies rechte Maß erreicht und eingehalten werden kann.

Die eigene Freiheit wird durch die Freiheit anderer begrenzt. Wenn der eine seine Freiheit über Gebühr ausdehnt, vernichtet er die Freiheit anderer. So kam die feudale Menschheitsversklavung zustande. Machthaber nutzten ihre Macht zur Ausdehnung ihrer Freiheit aus. Wenn die Freiheit des Machthabers nicht mehr durch seinen Dienst für die Allgemeinheit begrenzt wird, geht die Freiheit der beherrschten Mehrheit zugrunde. So bemächtigten sich Minderheiten Mehrheiten und raubten ihnen die Freiheit.

Es ist also ein ausreichender Grad an Freiheit für alle zu gewährleisten, aber die Freiheit ist soweit einzuschränken, daß die Gewährleistung möglich werden kann. Es sind also Kompromisse der Freiheiten aller Beteiligten zu schließen. Jeder darf nur soviel Freiheit erhalten, daß auch die anderen das ihnen bedürftige Maß an Freiheit erreichen können.

Es ist also ein heikles und diffiziles Problem, wieweit Einschränkungen der Freiheit erlaubt und nötig sind. Da Einschränkungen der Freiheit nötig sind, um den Schutz der Freiheit zu erreichen, kann auch generell gefolgert werden:
Einschränkungen der Freiheit sind soweit nötig, daß die Freiheit anderer geschützt wird.

Danach kann die **Frage 5** generell beantwortet werden:
Freiheitseinschränkungen sind soweit nötig und erlaubt, wie sie dazu beitragen, die Freiheit anderer zu ermöglichen und zu schützen.

Wenn dieser richtige und nötige Grad der Freiheitseinschränkung erreicht ist, kann nach diesem generellen Grundsatz für die verschiedenen Fälle ermittelt, eingeschätzt und einigermaßen sachrichtig gesichert werden. Wenn der Staat seinen Bürgern Heilmittel verbietet und sich das Recht anmaßt, über Heilmittelzulassungen zu entscheiden, ist die nötige Freiheit der Bürger mit Sicherheit verletzt, und ist der richtige Grad der Freiheitseinschränkung nicht getroffen, sondern weit überschritten. Ebenso haben die Staatsvertreter ihren Freiheitsgrad überschritten, denn die Bürger derart in ihrer Freiheit einzuschränken, kommt ihnen mit Sicherheit nicht zu. Betroffene Bürger, Ärzte und Heilmittelfirmen sind keine unmündigen Kinder oder geistig Verwirrte, die erst von Staatsvertretern, die garnicht beurteilen können, was sie entscheiden, vorgegeben zu bekommen haben, wie sie sich zu verhalten und nicht zu verhalten haben. Die Hypertrophie der Staatsvertreter, die Bevölkerung, zu deren Schutz sie ausschließlich da sind, unter Kuratel zu stellen, ist unerträglich und bildet eine schwere Gefahr für aller Menschen Schicksal. Alle, sogar der Staatsvertreter selbst, denn sie werden von dem Unfug, den sie, selbst verständnislos, gebieten und verbieten, selbst betroffen. Auch sie werden von einem falsch vollzogenen Verbot betroffen, wenn ihnen das **verbotene Mittel das Leben retten könnte. Solche Mittel gibt es,** was in entsprechender **Detailliteratur** ausführlich **nachzulesen ist.** In der vorliegenden Schrift werden nur grundsätzliche Probleme untersucht und geklärt.

11. Wie der Staat auf andere Weise besser zum Schutz der Bürger beitragen kann.

Hinsichtlich der staatlichen Mitwirkung im Heilmittelwesen sind unter den eingangs des 9. Kapitels dazu bezeichneten Frage noch 2 zu beantworten, die einen weiteren Themenkreis betreffen, die **Fragen 7** und **9**.
Auf welche Weise kann der Staat hinsichtlich Heilmitteln zum Schutz der Bürger beitragen? Diese Frage ist berechtigt und sachrichtig zu beantworten.

Nicht berechtigt ist, daß der Staat den Bürgern vorschreibt, welche Heilmittel und angeblichen Heilmittel er nehmen darf und welche nicht. Ausnahmen bilden aus bestimmten Gründen, die hier unerörtert bleiben, Suchtmittel, deren ganz andersartige besondere Problematik aus der hiesigen Untersuchung ausgeklammert bleibt, um zu einem überschaubaren abgeschlossenen Ergebnis zu kommen. Heil- und Suchtmittel sind zwei sehr verschiedene Mittelarten, die klar auseinander zu halten sind. Aber es gibt einen erheblichen Bereich der Überschneidung zwischen beiden Mittelarten, da viele Mittel sowohl Heil- wie Suchtmittel sind. Sie sind überwiegend Heilmittel, wenn ihre Heilwirkung die Suchtwirkung wesentlich überwiegt und umgekehrt. Nach dieser vorwiegenden Wirkungsweise sind diese Mittel im hiesigen Zusammenhang als Heil- oder Suchtmittel zu behandeln.

Die in dieser Untersuchung ermittelten Erkenntnisse über Heilmittel gelten vollständig für Heilmittel, die keine Suchtmittel sind. Dies ist die weit überwiegende Menge der Heilmittel. Für Heilmittel, die auch Suchtmittel sind, gilt das gleiche, soweit ihre Heilwirkung die Suchtwirkung wesentlich überwiegt. So ergibt sich eine schwankende Grenze, sowohl für die betroffenen Mittel wie die betroffenen Menschen. Für den Patienten besteht stets die Gefahr, daß die Suchtwirkung des Mittels dessen Heilwirkung für ihn übersteigt. Dies zu verhindern, bildet eine diffizile Aufgabe, sowohl des Arztes wie der Medizinalorganisation. Letztere ist ihr noch schlecht gewachsen, und der dazu meist recht gut befähigte Arzt könnte seine diesbezügliche Aufgabe sehr viel besser erfüllen, wenn die Medizinalorganisation die ihre nicht so schlecht erfüllte.

Alle weiteren Bemerkungen über Suchtmittel unterbleiben hier. Somit bleibt die Untersuchung auf Heilmittel konzentriert, und Suchtmittel sind von ihr nur soweit betroffen, wie sie Heilmittel sind und als solche wirken. **Heilmittel können** nun **schädliche Wirkungen zeitigen. Das ist der Grund,** und zwar **der einzige** irgendwie **berechtigte, der den Staat auf den Plan ruft, um für den Schutz des Bürgers tätig zu werden.** Der Staat hat also tatsächlich eine heilmittelbezügliche Aufgabe, nur verkennen seine Vertreter leider bisher Umfang, Grenze und spezifische Ausrichtung dieser Aufgabe.

Um die spezifische Ausrichtung und die Grenze dieser Aufgabe ermitteln zu können, sind mehrere Untersuchungen in spezielleren Bereichen durchzuführen. Auch diese gegenüber der staatlicherseits angegangenen sehr eingegrenzt verkleinerte Problematik ist eine komplexe, deren Komplexe zu differenzieren sind. Jeder Komplex bedarf seiner besonderen Analyse, und die komplexe Gesamtproblematik ist zusätzlich aufzuhellen.

Eine schädliche Wirkung eines Heilmittels kann dadurch zustande kommen, daß es
1. keine Heilwirkung ausübt, und dadurch die schädliche Wirkung des jeweiligen krankhaften Prozesses ungeschmälert anhält,
2. außer einer heilenden auch eine schädigende Wirkung entfaltet.

Im 1. Fall bestehen wieder 2 Möglichkeiten:
1. entfaltet das Mittel generell = bei niemandem eine Heilwirkung, ist somit gar kein Heilmittel, sondern wurde nur fälschlich für ein solches gehalten. Das sind die sogenannten unwirksamen „Heilmittel". Ein Riesenheer an Heilmitteln wird bisher und derzeit dieser Unwirksamkeit beschuldigt. Was sich in dieser Hinsicht abspielte und weiter abspielt, bietet ein ausgedehntes Kapitel menschlicher Pathopsychologie. Mangelnder Sachverstand, dazu reichlich Emotion, die gleichzeitig als für Wissenschaftler verpönt erklärt wird, und Absicht bilden ein zähes, übles Konglomerat, das hier nur am Rande gesichtet und erwähnt bleibt. Hierzu ließen sich umfangreich Fakten und Untersuchungen anbringen, doch um zum angegebenen erstrebten Ergebnis zu gelangen, bleibt auch dieser unschöne Problemkreis hier ausgeklammert.

2. andererseits gibt es Heilmittel, die nicht generell, sondern nur von Fall zu Fall keine Heilwirkungen entfalten.
Auch hier gibt es wieder 2 grundsätzlich verschiedene Möglichkeiten:
1. Die Heilmittel haben beim einen eine Heilwirkung, beim anderen nicht,

weil sie individuell wirken: bei bestimmten Konstitutionen und in bestimmten Entwicklungssituationen. Wer die Konstitution hat, auf die das Mittel heilwirksam ist, erfährt eine Heilwirkung des Mittels, der anders Konstituierte nicht. Für ihn ist das Mittel unwirksam, für den anderen heilwirksam. Wenn also mittels einer Heilmittelwirkungs-Nachweisuntersuchung richtig „festgestellt" werden sollte, daß ein untersuchtes Mittel unwirksam ist, wäre die daraus etwa, leichtsinnig, gezogene Folgerung, das Mittel sei unwirksam, weswegen es verboten und nicht zugelassen gehöre, falsch. Denn dies Mittel ist ja nur bei Menschen unwirksam, für die es nicht wirkt, während es andere Menschen gibt, für die es heilwirksam ist, demgemäß es benötigt wird, so daß es keinesfalls verboten und nicht zugelassen gehört.

Wer nur einigermaßen intelligent ist, sieht in diesem wesentlichen und sehr ausgedehnten Sonderbereich zum Greifen deutlich, wie primitiv und falsch die derzeit vorgeschriebene Heilmittelwirksamkeitsmethodik angelegt ist. Wer all diese Besonderheiten der Arzneimittelproblematik nicht kennt, stattdessen sie großzügig übersieht, ist völlig unfähig, sich ein einigermaßen sachlich ausgerichtetes Urteil zu bilden, geschweige denn, berechtigte, verbindliche Richtlinien herauszugeben, Entscheidungen zu fällen und dergleichen mehr. Diejenigen, die von diesen komplexen und diffizilen Problemen zu wenig wissen, sollten sich leise zurückziehen und ihre Hände für künftig in Unschuld waschen. Si tacuisses, philosophus mansisses. Hätten sie geschwiegen und sich nicht in „wissenschaftliche" Abenteuer verwickelt, hätten sie ernst zu nehmende Mitbürger bleiben können. Aber, wie vorstehend angegeben, bietet sich noch eine Chance, es wieder zu werden.

Die Problematik ist natürlich noch weit komplizierter als bis hierhin dargelegt. Auch für den, der die betreffende Konstitution hat, wirkt das Konstitutionsmittel nicht immer heilsam, sondern nur dann, wenn er es auch braucht = seine eigene Entwicklungssituation so weit krankhaft abgewichen ist, daß er einer diesbezüglichen Heilwirkung bedarf. Ist das nicht der Fall = ist er diesbezüglich gesund, ist auch das betreffende Mittel „unwirksam" und würde in einer entsprechenden Prüfung durchfallen. Das ist auch der Grund, weswegen solche Patienten „ihr" Mittel nur von Zeit zu Zeit benötigen, und es zu entsprechenden Zeiten in entsprechenden Entwicklungssituationen immer wieder seine prompte Heilwirkung entfaltet, obwohl es zu anderen Zeiten als „unwirksam" nachweisbar ist. Jeder, der sich nur einigermaßen grob sachkundig macht, erschreckt über die gedankenlose Primitivität, mit der die amtlich vorgeschriebene Nachweismethodik angelegt ist. Wer so primitiv und sachunwissend vorgeht, kann nicht berechtigt als Experte gelten und dürfte von der von falschen Ratgebern betroffenen Bevölkerung, dem „Staatssouverän", nicht akzeptiert werden.

Wieder nach Shakespeare: „Zwar ist dies Wahnsinn, doch der Wahnsinn hat Methode."

Im Heilmittelwesen gilt bisher nicht die Wahrheit der Fakten, sondern ganz Absurdes als anerkannt. Generell ergibt sich als Fakt, der nun einmal zu bemerken, zu akzeptieren und zu beachten ist:
Der Nachweis, daß ein Mittel unwirksam ist, gilt nur für den untersuchten Bereich, in dem der Nachweis geführt wurde, nicht aber damit auch für das Mittel generell. Vom ersten auf das zweite zu schließen, ist logisch falsch, ein schlichter Denkfehler, von dem die als zuständig geltende „Wissenschaft" beherrscht ist. Demgemäß ist ebenso die Folgerung logisch falsch, daß fehlender Wirksamkeitsnachweis zu Nichtzulassung und Verbot berechtigt. Solcherart Folgerungen sind wie etwa optische Täuschungen psychologisch naheliegend und werden deswegen von wissenschaftlich ungenügend Gebildeten, auch vielen Politikern und „Experten", immer wieder gemacht. Umso dringlicher ist es, sie endlich als Fehler zu erkennen und auszumerzen.

2. Aber nicht nur spezifische Individualheilmittel, sondern genauso schwanken auch übliche und allgemein „anerkannte" generell wirkende Heilmittel zwischen Heilwirkung und Unwirksamkeit. Auch sie sind mal heilwirksam, mal heilunwirksam. Dies ist in der offiziellen Medizin auch allgemein bekannt, während es bei individuellen Mitteln nicht so bekannt ist, weil nicht einmal diese riesige Mittelgruppe bekannt, sondern nur irgendwie am Rande geduldet ist. Auch daraus ergibt sich mit aller Deutlichkeit, daß es unmöglich ist, nach dem derzeitigen unausgegorenen Wissenschaftsstand ernstzunehmende und brauchbare Beurteilungen von Heilwirkungen vorzunehmen. Dazu muß man schon wesentlich mehr in die vorgegebenen Fakten eindringen und sich nicht einfach mit grobschlächtigen Vorurteilen begnügen.

Unter den generell wirkenden Heilmitteln gibt es verschiedene spezifisch charakterisierte Untergruppen. Von den Homöopathen werden die eindeutig durch ihre chemische Zusammensetzung gekennzeichneten offiziell gängigen Mittel als Allopathika zusammengefaßt. Das ist aber nicht richtig, da sie nicht alle gegensätzlich = andersartig wirkende Allopathika sind. So gibt es Mittel, die nur ersetzen, was dem Kranken fehlt oder zuwenig vorhanden ist. Sie füllen Fehlendes wieder auf und sind dadurch heilwirksam. Sie substituieren = ersetzen des Fehlende und werden deshalb als Substitutientien bezeichnet. Die mit ihnen betriebene Heilweise heißt Substitutionstherapie. So werden ungenügend vorhandene Ferment- oder Vitaminmengen substituiert, ebenso fehlendes Insulin oder Eisen und andere Mineralien oder Spurenelemente. Manche dieser Mittel können auch über die Menge, die substituiert, hinaus Heilwirkungen entfalten, während durch andere solche substituierenden Mittel, wie etwa Insulin, dann Schäden gesetzt werden, die bald lebensgefährlich werden. An dieser Mittelgruppe ist besonders leicht abzulesen, daß **fehlende Heilmittelwirkung im jeweils untersuchten Fall nicht gleichbedeutend mit generell fehlender Heilwirkung ist.**

Bis substituiert ist, entfaltet das Mittel eine Heilwirkung. Ist diese auf die Substituon beschränkt, wie in der Regel für Fermente, entfaltet es keine Heilwirkung = ist unwirksam. Wird ein Patient untersucht, der in seinem Organismus ausreichende Mengen des Mittels enthält, ergibt sich sachrichtig, daß dies Mittel unwirksam ist. In anderen Fällen ist es trotz erfolgter negativer Nachweisuntersuchung hochwirksam; in manchen Fällen etwa wirkt es lebensrettend, wie dies etwa Insulin oft tut, obwohl es in anderen Fällen nicht nur keine heilende, sondern eine schwer schädigende Wirkung entfaltet.

Ob etwas heilwirksam ist, hängt also immer von der jeweiligen Lage ab. Daher **ist es generell widersinnig, mit einer generellen Nachweismethodik „feststellen" zu wollen, ob ein Mittel heilwirksam oder unwirksam ist.**

Eine Nachweismethodik, die mit dieser Absicht auftritt und arbeitet, ist von vornerein absurd. Demgemäß ist die **erste Voraussetzung zu ernsthafter, sachrichtiger Heilmittelbeurteilung, diese Absurdität zu erkennen** und **alles als falsifiziert zu eliminieren, was auf dieser Absurdität aufgebaut ist.**

Heilmittel sind nun einmal von Natur aus und logisch unausweichlich von Fall zu Fall verschieden in ihrer Wirkung: mal heilwirksam, mal unwirksam. Wenn ein Mittel heilwirksam ist, wird zweckmäßig, es als Heilmittel einzusetzen, anderenfalls selbstverständlich nicht. Die Heilwirksamkeit ist generell auf Phasen im Patienten beschränkt. Heilwirksamkeit und Unwirksamkeit wechseln miteinander ab. In diese komplizierten Verläufe mit grobschlächtigen Holzhammermethoden wie der derzeit vorgeschriebenen Nachweismethodik einzudringen, ist katastrophaler Unfug. Der mit den Fakten aus reicher Erfahrung vertraute Arzt kennt sich in derart diffizilen und rasch wechselnden Verhältnissen aus, nicht aber der schematisch alles über einen Kamm scherende „Experte", geschweige denn der ahnungslose Politiker, der von all dem nicht den leisesten Schimmer hat.

Was für Individualheilmittel und Substituentien gilt, gilt im Wesentlichen auch für die Gesamtheit der sogenannten Allopathika. Auch sie besitzen nur Heilwirkung von Fall zu Fall: Dann, wenn ein Patient in eine Entwicklungssituation geriet, in der das jeweilige Mittel Heilwirkung entfaltet. Wenn ein anderer das gleiche „Heilmittel" nimmt, ist es nicht bei ihm heilwirksam, hat sogar meist eine schädigende Wirkung. Die meisten sogenannten Allopathika entfalten auch, wenn sie heilwirksam sind, schädigende sogenannte Nebenwirkungen. Sie wirken ambivalent: sowohl heilsam, wie schädigend. Dadurch entfaltet diese Mittelgruppe in einer bestimmten Weise eine ähnliche Wirkung auf Patienten wie Suchtmittel. Patienten befinden sich in steter Gefahr, aus der überwiegend heilsamen Wirkung des Mittels in dessen überwiegend schädigende abzurutschen. So wie ein Heil-Sucht-Mittel überwiegend heilsam oder süchtig wirken kann, so kann auch die Wirkung eines üblichen, nicht suchterzeugenden allopathischen Mittels entweder überwiegend in der sogenannten heilsamen Hauptwirkung oder in der schädigenden Nebenwirkung liegen. In letzterem Fall ist die „Nebenwirkung" zur Hauptwirkung geworden, und ist die heilsame, sonstige Hauptwirkung nur noch Nebenwirkung. Dann wirkt das Mittel überwiegend schädlich und hat seine Bedeutung als Heilmittel eingebüßt, jedoch nur in solchen eintretenden Fällen. Sie treten häufig dann ein, wenn ein solches ambivalentes Mittel schematisch über längere Zeit verordnet wird. Es wird dann leicht aus einem Heilmittel zu einem selbst krankheiterzeugenden Faktor. Deshalb gehört die genaue ärztliche Beobachtung zur unentbehrlichen Grundmethodik der Medizin, die durch keinerlei schematisierende Verfahren ersetzbar ist. Dies immer wieder zu versuchen, obwohl es von vornherein zum Scheitern verurteilt sein muß, gehört zu den Todsünden, von denen die Medizin leider allzusehr betroffen ist. Wenn für den Schutz des Bürgers effektiv etwas getan werden soll, besteht hier ein besonders dringlicher Ansatz zur Aktivität: nämlich zu verhindern, daß solche Todsünden der Medizin wirksam werden.

Das Faktum der ambivalenten Allopathika führte zu einer weiteren Absurdität, die im derzeitigen Entwicklungsstand der Medizin eine verhängnisvolle Rolle ausübt. Da einseitig ausgerichtete bloße sogenannte Schulmediziner von den vielen verschiedenen Heilmittelgruppen fast ausschließlich die ambivalenten Allopathika kennen, wurde der absurde Schluß gezogen, „alle" Heilmittel müßten auch schädigende Nebenwirkungen haben, demgemäß es geradezu ein Kriterium dafür sei, ob ein Mittel ein Heilmittel oder ein unwirksames Scheinheilmittel ist, daß es auch eine schädigende Nebenwirkung entfalte.

Solange derartige Absurditäten in der Medizin nicht nur möglich sind, sondern herrschen, ist natürlich jede Aussicht auf eine ernsthafte, brauchbare Methodik zur Beurteilung von Heilmittelwirkungen eine reine Illusion, die nur gehegt werden kann, wenn derartige Unwissenheit und Unwissenschaftlichkeit wie derzeit herrschen.

Daß die Behauptung, jedes Heilmittel entfalte auch eine schädigende Nebenwirkung, absurd ist, ergibt sich keinesfalls nur aus der riesigen Fülle von Heilmitteln, die nicht die Eigenschaften ambivalenter Allopathika aufweisen, sondern ebenso aus dem Verhalten der überwiegenden Zahl der Substituentien, die Schulmedizinern sehr wohl bekannt sind. Solche Mittel, wie Vitamine, Fermente, entfalten in Dosen, wie sie in der Praxis verwendet werden, keine direkt schädigenden Nebenwirkungen. Sie können nur überflüssig sein, wenn für sie kein Substitutionsbedarf mehr besteht. So muß auch aus eingeschränkter schulmedizinischer Sicht die Behauptung, alle Heilmittel müßten schädigende Nebenwirkungen entfalten, als Absurdität erkannt und entlarvt werden.

Bedauerlich ist darüber hinaus, wenn sich Mediziner, bis auf Substituentien, auf die Verwendung ambivalenter Mittel beschränken, und den noch umfangreicheren Bereich nichtambivalenter, von schädigenden Nebenwirkungen zumindest freien Heilmittel einfach stur ignorieren. Offensichtlich ist dies ein deutliches Zeichen dafür, daß in diesem Bereich ärztliche Kunst aussetzt und blinder Dogmatik gewichen ist.

Natürlich lassen sich auch mit praxisfernen Übertreibungen für schädigungsfreie oder -arme Heilmittel schädigende Wirkungen künstlich erzeugen. Wer eine Tonne Kamillentee tränke, könnte wohl auch daran eingehen. Im heilsamen Moor ist schon mancher ersoffen, dito in einem der stärkstwirksamen Heilmittel, dem Wasser etc.

Tatsächlich sind auf ähnliche absurde Weise bereits mit der derzeitig amtlich vorgeschriebenen Methodik Heilmittelverbote ausgesprochen worden, die ebenso absurd sind, so von Aristolochia und weiteren. An Ratten wurden mit solchen Substanzen schädliche und tödliche Wirkungen nachgewiesen, jedoch in einer derart hohen Dosierung, wie sie quantitativ auf Menschen übertragen nicht im entferntesten jemals in der humanmedizinischen Praxis auftauchen könnte.

Da Außenstehende von all diesen tatsächlich bestehenden absurden Fakten keine Ahnung haben, allermeist blinde „Wissenschaftsgläubigkeit" 45) herrscht und starre interdisziplinäre Scheuklappen wirken, werden derartige hochgradige Absurditäten einfach nicht bemerkt. Auch hochqualifizierte Wissenschaftler anderer Disziplinen machen davon meist leider keine Ausnahme. Die vielgepriesene „Verantwortung der Wissenschaft" 46), erweist sich in diesem Bereich als unwirksam. So bleiben medizinische Absurditäten einfach allermeist unerkannt und demgemäß unkorrigiert. In diesem Bereich hätten Politiker berechtigt Anlaß, sich für den Schutz der Bürger zu bemühen. Stattdessen sind sie der gleichen blinden Wissenschaftsgläubigkeit unterworfen und erweisen dadurch der Wissenschaft, der Medizin und den sich ihrem Schutz anvertrauenden Bürger einen Bärendienst.

Die Frage nach der Wirksamkeit von Heilmitteln ist mittels Einschätzung und Irrtumskorrektur meist recht gut zu beantworten, nicht aber mit generellen Nachweismethoden wie der derzeit amtlich vorgeschriebenen Methode, die als selbst unwirksam generell aufzugeben ist. Die sich aus genauer unvoreingenommener Beobachtung ergebende Erfahrung des Arztes löst die Problematik, welches Mittel jeweils anzuwenden ist, ausreichend. Ebenso kann der erfahrene Arzt ermitteln, welche Mittel jeweils nicht anzuwenden sind. Wenn dem Arzt in seine gewissenhafte Behandlung und Beobachtung von Politikern und schematisierenden Laborexperten hineingepfuscht wird, ist dies schädlich, und es könnte eher Aufgabe des Staates werden, solche unqualifizierten Eingriffe zu verhindern.

Was Ärzte beobachten und erfahren, läßt sich statistisch aufarbeiten und so quantitativ weiter erhärten. Was so einigermaßen einwandfrei lös- und beantwortbar wird, sind eindeutig beurteilbare Sachlagen. In allen solchen entfalten Heilmittel eindeutig und sicher Heilwirkungen, völlig egal, ob die derzeit vorgeschriebene Methodik das gleiche Ergebnis liefert oder nicht. Es gibt davon abweichend natürlich auch viele Fälle, für die sich keine so eindeutig erkennbare Heilwirkung ergibt. Dann läßt sich streiten, ob das betreffende Mittel eine Heilwirkung erreichte oder nicht. Alle diese Fälle bleiben als ungeklärt zumindest solange zurück, bis eine eindeutige oder zumindest einigermaßen annehmbare Klärung möglich ist.

Für gut wirksame Heilmittel ist keine langwierige, umständliche und kostenträchtige Überprüfung nötig. Sie demonstrieren ihre Heilwirkung recht prompt. Schwierigkeiten bereiten Mittel mit nur mäßiger Wirkung, die aber auch weniger benötigt wird. Deswegen wird man sich allermeist auf die leicht und wenig aufwendig überprüfbaren Mittel beschränken dürfen. Es gibt soviele hervorragende, prompt wirkende Mittel, daß auf fraglich wirkende Mittel oft verzichtet werden kann. Auch gibt es genügend ohne wesentliche schädigende Nebenwirkungen hochwirksame Mittel, so daß viele mit schädigenden Nebenwirkungen behaftete Mittel weniger nötig sind. Allerdings ist dies nur für einen Teil der Fälle so, keineswegs für alle. Für diese bleiben mit schädigenden Nebenwirkungen behaftete Heilmittel eine große unentbehrliche Hilfe.

Die Schlachtrufe, entweder hie Naturheilmittel oder hie Allopathika gehen an den Fakten vorbei. Beide Mittelarten und Heilweisen werden benötigt, nur muß der Arzt wissen und entscheiden können, wann er besser mit der einen Sorte, wann mit der anderen Sorte vorgeht. Dazu gibt es genau treffende Anweisungen, die in anderer Literatur nachzulesen sind 47).

Die Entscheidung über die Wirksamkeit von Heilmitteln ist Aufgabe der praktisch behandelnden Ärzte und der betroffenen Patienten. In diese Entscheidung haben schematisierende Theoretiker und Politiker überhaupt nicht hineinzureden.

Zum Schutz der Bürger ist unbedingt erforderlich, daß die Entscheidung über Wirksamkeit und Verwendung von Heilmitteln auf die betroffenen und zuständigen Patienten, Ärzte und anderweitigen Heilbehandler, Heilmittelerfinder und -hersteller beschränkt wird, und daß zu diesem Personenkreis nicht Gehörende die Einflußnahme darauf wirksam untersagt und somit entzogen wird. „Schuster bleib bei deinem Leisten!" gilt auch für Politiker und quacksalbernde Theoretiker.

Ganz anders als bezüglich der Wirksamkeit von Heilmitteln verhält es sich natürlich mit ihrer Schädlichkeit. Sie allein ist es, die Politiker auf den Plan gerufen hat und berechtigt rufen kann. Die ganz andere Problematik der Wirksamkeit wurde an die der Schädlichkeit sachlich unberechtigt daran gehängt. Da Politiker tatsächlich die Aufgabe haben, Bürger vor Schaden zu bewahren, keinesfalls aber die, sich um wissenschaftliche Wirksamkeitsnachweise zu kümmern, kommt Politikern auch eine Mitwirkung in den Bemühungen zu, Bürger vor Schäden durch Heilmittel zu bewahren. Wir geraten somit in die eingangs dieses Kapitels genannte 2. Problematik, die vorliegt, wenn Heilmittel auch schädigende Wirkungen entfalten.

Die der bestehenden amtlichen Einstellung zugrunde liegende naive Grundvorstellung, die Problematik ließe sich dadurch lösen, daß Schädigendes ermittelt und verboten werden könnte und müßte, ist verfehlt. Dies ist auch allgemein bekannt, denn die Masse der zugelassenen und als wissenschaftlich anerkannt geltenden Heilmittel sind solche, die schädliche Wirkungen entfalten, während diejenigen, die keine schädlichen Wirkungen entfalten, zum größeren Teil in der Gefahr schweben, verboten zu werden, weil sie den vorgeschriebenen Wirksamkeitsnachweis nicht erbracht haben und vielfach auch grundsätzlich nicht so erbringen können. **In der bisherigen gesundheitspolitischen Praxis ist es im Schnitt gerade so, daß schädigende Heilmittel zugelassen und nicht schädigende verboten werden, was der gestellten Aufgabe direkt entgegen läuft.**

Richtig ist, daß eine schädigende Wirkung nicht ausreicht, um ein Mittel nicht zu verwenden oder es gar zu verbieten. Nur wenn die schädigende Wirkung die Heilwirkung überwiegt, sollte kein Gebrauch gemacht werden. Mittel, die als überwiegend schädigend erkannt werden, bleiben automatisch unverwendbar und unverkäuflich. Verbote kommen dann zu spät und sind auch, wenn ein Mittel mehr schädigt, alsbald überflüssig. Solche **schädigenden Mittel werden aber durch die derzeit dogmatisch vorgeschriebenen Nachweismethodik nicht aufgedeckt.** Daß schlimmste Beispiel dafür bildete das Schlafmittel Contergan, das die vorgeschriebenen Zulassungshürden elegant überwand und in riesigem Umfang verordnet und geschluckt wurde. Keine Vorschrift, kein Politiker, kein wissenschaftlicher „Experte" hatte die schwergeschädigten Patientenkinder davor bewahrt, ihr ganzes Leben schwer verkrüppelt herumzulaufen. „An ihren Früchten sollt ihr sie erkennen!" Wenn das die Früchte der Heilmittelzulassungs- und -verbotsvorschriften sind, weisen sie diese als unbrauchbar und verfehlt aus. Nur ein generell weit vorsichtigerer Umgang mit Arzneimitteln kann vor solchen Katastrophen bewahren, nicht aber können dies Vorschriften, die das, was sie leisten sollten, nicht leisten. Daß die Krüppelschäden durch Contergan entstehen, erkannte keiner der vielen dafür zuständigen angesetzten und bezahlten Experten, sondern der in einer anderen Wissenschaft, der Genetik, tätige aufmerksame und vorbildlich gewissenhafte Widukind Lenz, der sich dieser Problematik in einer Weise annahm, die der offiziell zuständiger Experten zuwider lief.

Politiker haben nur insofern Möglichkeiten darauf einzuwirken, daß schwer schädigende Arzneien, die keine Heilmittel sind, nicht entstehen, daß sie
1. Heilmittelhersteller ohne Unterlaß zu äußerster Gewissenhaftigkeit ermahnen, damit dazu, dem Gesundheitsbedürfnis der Patienten unbedingt Vorrang vor eigenen Profitinteressen zu geben,
2. überwachen, daß nur solche Personen als heilmittelherstellende Unternehmer tätig sind, die über das Ethos gemäß 1. verfügen. Damit bietet sich sehr wohl eine staatliche Einwirkungsmöglichkeit, die segensreich wirken könnte, doch scheint sie bisher nicht genutzt worden zu sein.

Eine weitere staatliche Möglichkeit, den Schutz der Bürger vor Schäden durch Heilmittel im Rahmen des tatsächlich Möglichen zu verbessern, ist, die Möglichkeit des Bürgers zur Information zu erhöhen, so daß er selbst entscheiden kann, welche Risiken er eingehen will und welche nicht. Diese Möglichkeit wurde auch richtig erkannt, und es wurden richtige Folgerungen aus diesen Erkenntnissen gezogen. Staatlicherseits wurde mit Recht verordnet, daß den Heilmitteln die Information über ihre möglichen schädigenden Nebenwirkungen schriftlich beigefügt werden muß. Diese vorbildliche Praxis der Beipackzettel-Informationen wurde gegen begreifliche Widerstände durchgesetzt. Die erweiterte Kenntnis schädigender Wirkungen hält viele vom Gebrauch des jeweiligen Mittels ab, wodurch Profiteinbußen entstanden. Da sich diese gleichmäßig auf alle betroffenen Firmen verteilen, erlitt jedoch so keine Firma einen sie besonders betreffenden Nachteil. Anderseits stieg wiederum das Zutrauen zu den Firmen durch die von ihnen offengelegte Information, so daß sich diese langfristig eher zum Vorteil der Firmen auswirkt.

Auf diesem Sektor wurde tatsächlich einmal ein echter Fortschritt durch staatliche Aktivität erreicht. Dieser positive Erfolg sollte als anspornendes Beispiel dazu dienen, auf allen anderen Sektoren des Heilmittelbereichs auch solche echten, für die betroffenen Patienten heilsamen Fortschritte zu erreichen. Diese Schrift enthält eine Fülle von Hinweisen dazu, wie solche tatsächlichen Fortschritte zum Schutz der Bürger zu gestalten und durchzuführen sind. Wenn die Vertreter des Staates all die gebotenen Hinweise beachten und verwenden würden, hätten sie genug zu tun, würden echt nützen und brauchten sich nicht länger wie bisher mit schädlichen Quacksalbereien blamieren.

An die beiden genannten staatlichen Möglichkeiten, zum Schutz der Bürger beizutragen, schließt sich wie selbstverständlich eine weitere Konsequenz an: Die Information, daß es zweckmäßig ist, mit schädigenden Nebenwirkungen behaftete Heilmittel generell dann zu nehmen, wenn für den zu erzielenden Zweck keine anderen Möglichkeiten zur Verfügung stehen, führt zu der Konsequenz, gegebenenfalls ein unschädliches Mittel vorzuziehen oder eine nichtmedikamentöse Behandlung anzuwenden. Die Einnahme schädigender Heilmittel ist auch dann zu unterlassen, wenn sie keinem Heilzweck dient, sondern nur dazu, unerwünschte Empfindungen wegzuwischen, die nicht so schwerwiegend sind, daß ihre Minderung auch nötig ist. Gesundheitsführung kann Medikamentenmißbrauch überflüssig machen. All dies kann durch bessere Information der Bürger wesentlich verbessert werden, womit dem Schutz der Bürger vor Heilmittelschäden am besten gedient werden würde. In dieser Gesundheitsaufklärung, die zu betreiben natürlich vorrangige Aufgabe von Ärzten, Volksgesundheitsvereinen, Verbraucherverbänden und sozial Tätigen ist, kann staatlicherseits ein wesentlicher Beitrag geleistet werden, indem durch den Staat dafür gesorgt wird, daß die richtigen und geeigneten Informationen so gestreut werden, daß sie auch überall in der Bevölkerung richtig ankommen.

Leider fehlt bisher immer noch ein guter festgefügter medizinischer Unterricht in den Schulen. Bisher fehlen auch noch die geeigneten Einsichten, wie ein solcher Unterricht zu gestalten ist.

Zu den hier gebotenen Hinweisen lassen sich natürlich viele weitere geben, wenn mehr auf die Einzelheiten eingegangen wird und weitere anhängende Sachbereiche erhellt werden. In dieser Schrift wurde bewußt auf eine grobe

Durchleuchtung beschränkt, damit das Wesentliche erkannt und nicht durch noch mehr Einzelheiten verdunkelt wird.

Die vorstehend durchgeführten Untersuchungen lassen nunmehr die gestellte **Frage 7** beantworten:
Jawohl, **der Staat kann auf andere Weise besser zum Schutz der Bürger vor Heilmittelschäden beitragen: Durch die Förderung von überall hindringenden Informationen, von denen bestimmte den Heilmittelfirmen als unerläßlich vorgeschrieben werden, und durch Überwachung der Firmen dahingehend, daß sie größte Vorsicht in der Herstellung und im Vertrieb von Heilmitteln walten lassen.**
Außerdem **kann der Staat besser zu den Bürgern dringende zutreffende Informationen fördern.**

Mit der Frage 7 ist gleichzeitig die ähnliche **Frage 9** beantwortet. Sie wurde tatsächlich fällig, da der Staat keine sachrichtig begründbare Kompetenz hat, Entscheidungen über Zulassungen und Verbote von Heilmitteln zu fällen.

12. Das Gesetz zum Umgang mit Heilmitteln.

Damit die gewonnenen wesentlichen und dringend benötigten Erkenntnisse auch entsprechend verwertet werden und nicht etwa verloren in der Gegend herumstehen bleiben, ist erforderlich, ihre richtiges Handeln ermöglichenden Konsequenzen in die Form eines festgefügten Gesetzes zu kleiden, das vom Gesetzgeber erlassen und dessen Durchführung von Gesundheitspolitikern, Medizinalpraktikern und Heilmittelfirmen sichergestellt werden sollte. Solch ein Gesetz, wie es auch genannt werden sollte, könnte lauten:

Jeder Bürger hat das Recht, die Heilmittel zu haben und zu verwenden, die er verwenden möchte und die ihn nicht süchtig machen. Niemand hat das Recht, ihm solche zu entziehen. Staatliche, einschließlich kommunale Instanzen, dürfen Heilmittel nicht verbieten, entziehen oder zulassen. Die Zulassung von Heilmitteln ist ohne staatliche Mitwirkung von Natur aus gegeben und darf nicht durch menschliche Willkür beschränkt werden. Die Aufgabe des Staates, den Schutz der Bürger zu sichern, hat er hinsichtlich Heilmitteln dadurch zu erfüllen, daß er die größtmögliche Information der Bürger darüber sicherstellt, welche Gefahren und Schädigungen ihnen durch die Anwendung von Heilmitteln entstehen könnten. Um diese Information zu gewährleisten, muß der Staat den Heilmittelfirmen vorschreiben, daß diese Informationen über mögliche Gefahren und Schädigungen allgemeinverständlich der Heilmittelabgabe beigefügt werden, und sicherstellen, daß diese Vorschrift eingehalten wird. **Die Entscheidung darüber, welche Gefahren der Bürger zum Zwecke seiner Heilung in Kauf nehmen will, muß ihm überlassen bleiben. Bürger sind zur Selbstentscheidung befähigt und berechtigt und können zu ihrer Hilfe andere Bürger, die im Interesse des Betroffenen für ihn beurteilen, in Anspruch nehmen, egal ob solche befähigten und zur Hilfe gewählten Personen behandelnde Ärzte oder andere geeignete sind.**

Gegebenenfalls kann ein solches Gesetz weitere zweckdienliche Bestimmungen enthalten, doch sollte es möglichst kurz, allgemeinverständlich und überschaubar gehalten werden.

13. Abschluß der Untersuchung der vorliegenden Kernproblematik.

Vorstehend sind die wesentlichsten Kernfragen der vorliegenden Problematik beantwortet. Die Kernproblematik ist damit gelöst. Die hier vorgetragene Lösung, die am Buchende noch kurz zusammengefaßt ist, steht somit gemäß der sachgültigen Wissenschaftsmethodik mittels Einschätzung und Irrtumskorrektur zur Überprüfung an, zu der alle dazu Befähigten eingeladen sind. Gemäß Popper, der Irrtumskorrektur Falsifikation nennt, gilt es, das nunmehr vorliegende Lösungsangebot zu falsifizieren. Wer sich stark fühlt, solche Falsifizierungen vorzunehmen, sollte sie vornehmen und vortragen. Dazu genügt freilich nicht, gemäß bisher gängiger Denkschemen übliche Argumente aufzuwärmen und widerlegte Irrtümer wiederzukäuen, wie dies leider gängig und üblich ist. Wissenschaftsgläubigen kann so etwas als Wissenschaft verkauft werden, nicht aber Wissenschaftlern, die Scheinwissenschaft von echter, sachgestützt und logisch vorgehender Wissenschaft zu unterscheiden wissen. Um die echte Sachauseinandersetzung nicht zu behindern, ist zu widerraten, mit irgendwelchen formalen Argumenten zu operieren. Solche Argumentationsweisen fördern die Sachauseinandersetzung nicht, sondern verzögern und damit behindern sie. So ist ein bestimmter Wissenschaftsliteraturstil gängig geworden. Solche stilistische Gleichschaltung gehört zu den üblichen Riten, wie solche nicht nur in Religionen, sondern auch in Ideologien, in der Justiz, Bürokratie, Politik und auch in der Wissenschaft üblich sind. All solche Riten bilden sich gemäß seelischen Gesetzmäßigkeiten und haben als Grundlage seelisch-geistige Prozeßabläufe, dagegen keine logisch und sachlich zustanden gekommene und gerechtfertigte Grundlage. Als Wissenschaftstil gilt heute ein nüchtern gestutzter, der keine stilistischen Ausschmückungen und keine Anzeichen psychischer Emotionen enthält. Sowie Derartiges in einem Schriftstück auftaucht, wird es als angeblich nichtwissenschaftlich abqualifiziert, auch wenn in ihm wesentlicher Sachinhalt aufgezeigt wird. Solche „Beurteilungen" entsprechen nur einer sozial vereinbarten Rite und haben keine sachliche, logische oder wissenschaftliche Grundlage, sind somit sachlich und wissenschaftlich wert- und belanglos. Die so Enthaltsamkeit von Emotionen Predigenden entladen ihre Emotionen nicht in Schriftsätzen, sondern in Aktionen, mit denen sie ihnen mißliebige Konkurrenten „beseitigen". Auch die bezeichneten Riten bilden Methoden, mittels derer sich solche Beseitigungsaktionen elegant durchführen lassen. Wer solche Zusammenhänge nicht kennt, hat keine Ahnung davon, was in der Wissenschaft, der Gesellschaft und in anderen Gesellschaftsbereichen vor sich geht und „üblich" ist. Da wir uns an die Fakten und nicht an übliche Vorspiegelungen zu halten haben, wird hiermit von vorneherein präventiv vermerkt, daß Bemerkungen zum Literaturstil nicht zur Sachauseinandersetzung gehören und deswegen besser unterlassen werden sollte, mit derartigem das Wesentliche nicht Berührende aufzuwarten.

Vorstehend wurde die Untersuchung über die Kernproblematik abgeschlossen.

Das Kernergebnis ist: **Die geltenden Heilmittel-Zulassungsvorschriften nützen nicht, sondern schaden.**

In etwas erweitertem Sinn kann zu dieser Kernuntersuchung noch eine weitere Untersuchung zu ethischer und rechtlicher Problematik hinzugerechnet werden. Damit die erreichten Ergebnisse möglichst eindeutig und klar erkennbar zutage treten, wird hier darauf verzichtet.

14. Wem nützen die geltenden Heilmittel-Zulassungsvorschriften?

In diesem Kapitel soll soweit als möglich die **Frage 112** beantwortet werden: Wem nützen die geltenden Heilmittel-Zulassungsvorschriften?

Dazu sind die einzelnen betroffenen und in Frage kommenden Personenkreise durchzugehen. Erlassen wurden die Vorschriften für die Bürger. Das sind alle, die in die Lage kommen können, Heilmittel zu gebrauchen, somit sämtliche Bürger. Sie sind es auch, für die eine derartige Vorschrift berechtigt dasein kann. Wenn irgendein anderer Personenkreis aus der Vorschrift Nutzen ziehen sollte, die Bürger aber keinen Nutzen durch sie erfahren, wäre die Vorschrift unberechtigt, denn kein Nutzen für einen begrenzten Personenkreis könnte den fehlenden für die Gesamtheit der Bürger ausgleichen. Dies ergibt sich daraus, daß alle Bürger zumindest potentielle Heilmittelbenutzer sind und eine Vorschrift zur Heilmittelbenutzung
1. den Heilmitelbenutzern nutzen und nicht Schaden bringen müßte,
2. kein anderer Personenkreis zu ungunsten der Gesamtheit der Heilmittelbenutzer durch eine diesbezügliche Vorschrift begünstigt werden darf.

Die vorstehende Untersuchung ergibt eindeutig und anscheinend sachlich unwiderlegbar, daß die geltende Vorschrift den Bürgern nicht nützt, sondern ihnen schadet. Sie sind es jedenfalls nicht, denen die Vorschrift nützt. Wenn Bürgern durch Heilmittelverbote ihnen nützende und gegebenenfalls die rettenden Heilmittel entzogen werden, können sie von einer derart widersinnigen und unmoralischen Vorschrift keinen Nutzen, sondern nur Schaden erfahren. Wenn aber diejenigen, für die diese Vorschrift da ist, von ihr keinen Nutzen, sondern Schaden erfahren, kann kein anderer Nutzen irgendwelcher Art die Vorschrift rechtfertigen. Wer auch immer einen Nutzen aus ihr ziehen sollte, sein Nutzen wäre schwer unmoralisch erworben, denn er ginge auf Kosten der Gesamtheit der betroffenen Bevölkerung.

Somit wird es aus vielerlei Motiven, ethischen, rechtlichen, politischen, gemeinschaftlichen, wissenschaftlichen, schon bedeutsam, zu ermitteln, welche etwa verborgenen Nutznießer hier auf Kosten der Gesamtbevölkerung ihre Suppe löffeln, oder ob es überhaupt solche tatsächlichen Nutznießer gibt, oder ob alles nur ein absurd zusammengebrauter Bluff ist? Daß die „Weltgeschichte" voll von derartigen Bluffs ist, weiß jeder, der sie einigermaßen kennt, nur sind diejenigen, die sie einigermaßen kennen, nicht zahlreich.

Wenn die Bürger nicht die Nutznießer der Vorschrift sind, kommen als nächste ihre Behandler, die Ärzte, in Frage. Auch für sie ist ein Nutzen völlig unmöglich. Denn wenn andere, die mit den Heilmitteln garnicht umgehen, somit von ihrer Wirkung keine Ahnung haben können, in die wohlerwogen und einigermaßen sorgfältig, soweit ihnen noch dazu die Möglichkeit gelassen wird, durchgeführte Behandlung der Ärzte eingreifen, können diese nicht so behandeln, wie sie wollen und sachgemäß müßten. Ihre Arbeit wird durch solche Eingriffe von anderen fortlaufend torpediert und gestört, so daß die Ärzte schwer geschädigt werden, und die Ausführung ihrer sowieso sehr schwierigen und verantwortlichen Tätigkeit unverantwortlich erschwert und behindert wird. Ärzten wäre eine große Last genommen, wenn die unselige Zulassungsvorschrift endlich ersatzlos gestrichen werden würde. Dem steht natürlich nicht entgegen, daß viele Ärzte selbst an die Berechtigung der Vorschrift glauben, denn wenn etwas immer wieder stereotyp wiederholt wird, wird es dadurch zwar nicht wahr, aber wird geglaubt. Gegen immer wieder gleiche Wiederholungen, zwischen die kein Widerspruch durchkommt, wird die „Vernunft" der meisten machtlos und beruhigt sich mit dem Unvernünftigen. Hinzu kommt die übliche Suggestion, deren mächtige und unheilvolle Macht ja schon erwähnt wurde. Besser bewußt sollten Ärzte sich werden, wie sie mit derartigen Vorschriften zu Hanswürsten degradiert werden, deren eigenes Urteil für nichts gilt. Wer sich eine derartige schnöde Behandlung gefallen läßt, gerät auf eine schlimme schiefe Ebene. Deswegen sollten Ärzte sich weigern, sie zu betreten. Als erstrangig Kompetente sind gerade sie berufen, unverzüglich eine solche gegen den Ärzteverstand gerichtete Vorschrift zu Fall zu bringen.

Wie ungeheuerlich derzeit bürokratische Vorschriften in die ärztliche Behandlung eingreifen, können leider nur die durch solche Vorschriften gestraften Ärzte selbst ermessen. Vorschriften zwingen Ärzte, um finanziell zu überleben, mehr zu überlegen, welche Abrechnungsziffer sie auf ihre Gehaltsabrechnung schreiben können, als was der Patient braucht und ihm nötig ist. Derartige längst kriminell gewordenen Engriffe in die ärztliche Behandlung bilden eine Katastrophe für die Volksgesundheit, doch profitieren die Medien lieber aus vielen kleinen Skandälchen, anstatt sich eines solchen gravierenden Großskandals anzunehmen, dessen Dimensionen menschlichen Verstand sprengt. In dieser Weise ließe sich munter und ohne über Materialmangel verlegen zu werden fortfahren, doch sei diese Aussicht auf allerhand weiteres hier nur am Rande erwähnt, worauf in der hiesigen Untersuchung fortgefahren werden kann.

Wenn es auch die Ärzte nicht sind, sind es vielleicht die Heilmittelerfinder, -hersteller und -vertreiber, die Pharmafirmen, von denen es die unterschiedlichsten in Arbeitsweise, Angebot und Größe gibt, von Mammutfirmen mit riesigem volkswirtschaftlich gewichtigem Umsatz bis zu kleinen Pinscherfirmen, die sich gerade noch über Wasser halten und demnächst unter Wasser verschwinden = bankrott machen, insbesondere wenn es mit den Zulassungsvorschriften so weitergeht wie jetzt.

Von allen irgendwie Beteiligten sind Heilmittelhersteller grundsätzlich am allerwenigsten an der geltenden Vorschrift interessiert. Denn wer will denn riesige Mengen an Arbeit leisten und Geld investieren, um dann zu erfahren, daß alles umsonst war, er nur arbeitete und Geld für etwas verpulverte, das nicht zugelassen wird? Wenn ein eingeschlagener Weg zur Heilmittelerzeugung nicht den gewünschten Erfolg zeitigt, weil auf ihm kein geeignetes Heilmittel gewonnen werden konnte, liegt das in der Natur der Sache, muß hingenommen werden, und wird hingenommen, weil die Natur nun einmal so ist wie sie ist. Das akzeptiert jeder, der sich auf das Abenteuer, Heilmittel zu erfinden, einläßt. Wenn aber ein Bürokrat oder Pseudowissenschaftler daher kommt und ein Urteil fällt, das allein die Natur fällen kann, wird der ehrliche Heilmittelsucher um die Frucht seiner Arbeit durch bürokratische Vorschriften betrogen, was kein normaler Mensch, ohne zornig zu werden, verkraften kann. Heilmittelerfinder bedürfen des Urteils der Natur und beugen sich ihm, aber was darüber hinaus geht und menschliche Willkür sich anmaßt, ist vom Übel. Demgemäß sind Heilmittelhersteller wie Ärzte prädestiniert, den derzeit geltenden Unfug baldmöglich zu Fall zu bringen.

Leider ist die Problemlage in diesem Herstellersektor nicht ganz so einfach und eindeutig. Dies rührt daher, daß die Heilmittelfirmen nicht nur medizinischen, sondern auch marktwirtschaftlichen Einflüssen und damit auch Zwängen unterliegen. Nach Adam **Smith** 48) wird vorgegaukelt, daß in der Marktwirtschaft Chancengleichheit herrsche und derjenige auch am meisten profitiere, der den Wünschen der angeblich volkswirtschaftsbestimmenden Konsumenten am besten zu entsprechen wisse. Daß dem in der marktwirtschaftlichen Theorie so Angenommenen in der marktwirtschaftlichen Praxis nicht so ist, rührt daher, daß die von der marktwirtschaftlichen Theorie richtig berücksichtigten Kräfte von anderen, wesentlich stärkeren Kräften überrundet und mehr oder weniger matt gesetzt werden. Da mit jedem erworbenen Profit Macht gewonnen wird, steigert sich der Profit des mehr Profitierenden mehr als der des weniger Profitierenden, wodurch die ursprüngliche Chancengleichheit aufgehoben wird. Wer mehr profitiert, kann mehr werben, dadurch mehr absetzen, damit mehr profitieren, ohne daß seine verkauften Produkte besser sind als die seines Konkurrenten, der weniger für Werbung einsetzen kann. So konzentrieren sich Profit, Geld und Macht in immer wenigeren, werden die Reichen gesetzmäßig reicher und umgekehrt. Damit geht aber die wirtschaftsbestimmende Macht des Konsumenten auf den Großkapitalisten über, der diesem mittels Werbung schließlich sogar diktiert, was er konsumieren möchte, wobei Massensuggestion und dergleichen wieder „gut" zur Wirkung kommen. Dieser Mechanismus ist vielen geläufig, anderen wieder auch nicht, aber unabhängig davon, wievielen er geläufig ist, funktioniert er unentwegt weiter, auch wenn Länder sogenannt sozialistisch oder sozialdemokratisch regiert werden und eigentlich etwas ganz anderes vorhaben, nur nicht wissen, wie sie ihr Vorhaben verwirklichen sollen 49).

Wie in allen Wirtschaftsbranchen bestehen somit auch in der Pharma- = Heilmittelbranche Hierarchie und Konkurrenzkampf. Die in dieser edelen, der Volksgesundheit dienenden Branche Tätigen unterliegen damit Zwängen, die ihnen nicht als persönliche Schuld zur Last gelegt werden können. Die stärkeren Firmen operieren in einem Sog, schwächere zu übervorteilen, und wenn möglich, als Konkurrenten auszuschalten. Dies ist ganz „natürlich" in dem bestehenden System, in dem wir zurechtzukommen haben, wenigstens solange es anhält.

Mechanismen, die Reiche und Stärkere noch reicher und stärker machen und Schwächere und Arme zunehmend ausschalten, passen somit „gut" in das genannte Wirtschaftssystem. Die derzeitige Marktwirtschaft wird zwar soziale Marktwirtschaft genannt, und tatsächlich haben insbesondere Gewerkschaften den Kapitalisten ein sehr erhebliches Ausmaß an sozialem Verhalten abgetrotzt, was zu einem sehr erheblichen Anstieg des Wohlstandes der ärmeren und schwächeren Bevölkerungsmehrheit zumindestens bei uns führte. Diese soziale Komponente hat sich bisher aber nur auf das Verhältnis von Unternehmern, Arbeitern und Angestellten, nicht aber auf das Konkurrenzverhalten der Unternehmer untereinander ausgewirkt. Zwischen ihnen gilt noch weiter die alte Regel: Auge um Auge, Zahn um Zahn, und wer mehr Augen hat, kann den anderen die Zähne ziehen.

Dazu ist offensichtlich die Heilmittelzulassungsvorschrift eine ideale Methode. Die **Heilmittelnachweise** unterliegen nämlich keineswegs nur, wie vorstehend ausgeführt, medizinischen, wissenschaftlichen und politischen Kriterien, ferner ethischen und rechtlichen, sondern auch finanziellen. Sie **sind nämlich sehr teuer.** Das heißt: **Firmen, die über genügend Finanzen verfügen, können sich leisten,** solche **teuren Nachweise durchzuführen, die anderen** eben schlichtweg nicht. Dadurch wird finanziell vorgegeben, welche Heilmittel gegebenenfalls zugelassen und welche verboten werden. Heilmittel, deren Firmen nicht das Geld haben, um die vorgeschriebenen Nachweise zu führen, werden halt eben verboten, **womit die Zulassung von Heilmitteln vom Geld abhängt, ebenso die Volksgesundheit,** demgemäß **die Bürger künftig nur noch das schlucken dürfen, dessen Fortbestand finanziell erschwinglich war und mit Geld erkauft werden konnte.** Wer etwa diese Verhältnisse für eine frei erfundene Story hält und sich in der Illusion wiegt, so schlimm könne es doch unmöglich auf dieser „schönen" Welt zugehen, hat leider von den Fakten keine Ahnung.

Mittels der Heilmittel-Zulassungsvorschrift können finanzstarke Pharmafirmen finanzschwache Konkurrenten aushebeln und **ausschalten, so daß der dringende Verdacht bestehen muß, daß die Heilmittelzulassungsvorschrift im wesentlichen diesem Zweck dient, und alles andere** was so erzählt wird, **nur dazu da ist, diesen Zweck zu verschleiern und den Leuten,** zu denen auch Politiker gehören mögen oder auch nicht, **Sand in die Augen zu streuen.**

Wer fähig ist, diesen besonders schwerwiegenden Verdacht zu erhärten oder zu widerlegen, sollte dies tun, damit öffentlich bekannt wird, was wahr ist, und die Menschen nicht länger im Dunkeln tappen und irgendwo hingeführt werden, ohne daß sie wissen, wohin, und daß sie überhaupt ge- oder verführt werden. Jedenfalls liegen die Dinge so, daß sich der genannte Verdacht aufdrängt, und diejenigen, die für die entstandenen Verhältnisse verantwortlich sind, haben auch diesen Verdacht so unausweichlich gemacht, daß er dringend zur Klärung ansteht.

Sofern dieser Verdacht richtig sein sollte = es sich so verhält wie verdächtigt wird, wären die Großpharmafirmen die eingangs des Kapitels als möglich angegebenen „verborgenen Nutznießer" der Heilmittelzulassungsvorschrift. Solche großen Firmen blühen zwar nicht im Verborgenen, sondern sind weithin bekannt, aber „verborgen" könnte sein, in welcher Interessenbeziehung sie zu der Heilmittelzulassungsvorschrift stehen, zumindest für alle, die in solche Wirtschaftszusammenhänge nicht hineinschauen.

Falls dieser Verdacht tatsächlich richtig sein sollte, wäre das natürlich eine sehr schlimme Sache, die den Ruf dieser Firmen schwer schädigen würde und damit auch ihren Profit. Demgemäß müssen diese Firmen erstrangig interessiert sein, diesen Verdacht zu klären und für offene Einsicht in ihre Absichten und Machenschaften zu sorgen. Sofern der sich leider geradezu aufdrängende Verdacht nicht richtig sein sollte und Großpharmafirmen nicht die verborgenen Nutznießer sind, zu deren Nutzen die Zulassungsvorschrift erlassen und somit vorgegaukelt wurde, ist es für sie leicht und einfach, den nun einmal unausweichlich aufgetretenen Verdacht zu entkräften: indem auch sie energisch und wirksam darauf hinwirken, daß die Heilmittelzulassungsvorschrift einschließlich angeblich funktionierender Nachweismethodik ersatzlos entfällt. Dies ist offenbar für alle Beteiligten die Methode der Wahl, das heißt: die Methode, die eindeutig als die richtige und bestbrauchbare als zu wählen empfohlen werden muß.

Unabhängig davon, wie die Fakten tatsächlich liegen, und wie sich die Großpharmafirmen weiter verhalten werden, bleibt noch zu untersuchen, was dann tatsächlich in deren Interesse liegt:

Hierfür sind verschiedene Beziehungen zu berücksichtigen, demgemäß kein einheitliches, sondern ein komplex differenziertes Ergebnis zu erwarten ist. Wie ausgeführt, haben die Großpharmafirmen ein marktwirtschaftlich bisher unausweichliches Interesse, schwächere Konkurrenten auszuschalten, demgemäß auch daran, die Heilmittelzulassungsvorschrift mit als Ausschaltungsmethode zu benutzen und damit zu mißbrauchen. Andererseits bürdet diese Vorschrift auch Großfirmen erhebliche Finanzeinsätze auf. Ohne sie ginge es ihnen besser, könnten sie besser florieren, mehr, da billiger verkaufen, besonders in finanzschwachen Staaten, damit mehr profitieren, damit selbst reicher und stärker werden. Von der Kosten-Nutzen-Relation hängt ab, welch Vorgehen zu insgesamt besserer Bilanz führt: mit Zulassungsvorschrift und damit mehr Ausschaltung von Konkurrenz oder ohne Zulassungsvorschrift, demgemäß ohne entsprechende Konkurrenzausschaltung, aber ohne Finanzeinbußen durch teure Nachweise gemäß Zulassungsvorschrift und ohne Rufschädigung. Die prospektive Bilanzierung all der Möglichkeiten gegeneinander dürfte Großpharmafirmen möglich sein, nicht dagegen dem Autor. Ihm sind hierzu nur Vermutungen möglich. Nach dieser Vermutung ist auch für Großpharmafirmen die zweite Möglichkeit ohne Zulassungsvorschrift auf Dauer rentabler. Hierfür sprechen auch zu erwartende Weiterentwicklungen, die aus dem in der Vergangenheit Abgelaufenen noch nicht bilanziert werden können. Solch Zukünftiges wird meist für die Bilanz unterschätzt, weil es eben noch nicht da ist und noch nicht durch das Gewicht der Faktizität psychologisch wirkt. So ist anzunehmen, daß eine mögliche Rufschädigung zunehmend stärker an Gewicht wird. Ferner wird die Kaufkraft in finanzschwachen Staaten ansteigen, so daß dort ein wachsender Absatzmarkt entsteht, der aber nur mit genügend billigen Angeboten erschlossen werden kann. Dies spricht natürlich dafür, künftig auf teure Nachweismethoden zu verzichten.

Ferner wird wahrscheinlich in naher Zukunft eine weitere Entwicklung auftreten, die bis jetzt noch, wie bereits erwähnt, garnicht angelaufen ist. Die Entwicklung ist, wie bekannt, derzeit in rasantem Fluß. Kurz nachdem sich die brutale Marktwirtschaft, die den Kommunismus bewirkte, in eine soziale Marktwirtschaft umbildete, tritt derzeit bereits eine nochmalige Weiterentwicklung zur sozial-ökologischen Marktwirtschaft. Dabei steckt die soziale Marktwirtschaft erst in den Anfängen und ist längst noch nicht abgeschlossen. Wie erwähnt, hat sie sehr viel zugunsten der Arbeiterschaft gebessert, aber zwischen den Unternehmen hat sich noch garnichts gebessert, sondern herrscht unentwegt brutale Marktwirtschaft weiter, wie auch im hier behandelten Sektor deutlich wurde. Im Zuge der Gesamtentwicklung wird sich auch hier allmählich soziale Marktwirtschaft entwickeln. Die generelle Entwicklung wird auch in dieser Nische keine Stagnation bestehen lassen. Am besten und profitabelsten fährt der, welcher sich auf anbahnende Entwicklungen möglichst frühzeitig einstellt. Dadurch wird sich auf Dauer auszahlen, wenn darauf verzichtet wird, Konkurrenten mittels Heilmittelzulassungsvorschrift zu schädigen oder auszuschalten. Der brutale Machtkampf wird auch in dieser Nische eleganteren Methoden weichen, und wer die Umstellung frühzeitig vollzieht, ist voran.

Auch die Großpharmafirmen haben erheblich zunehmende Chance, wenn sie dazu beitragen, den Weg ohne eine Vorschrift, die sich als schädlich erwies, zu ermöglichen. Damit sind die wesentlichen Untersuchungen zu dem Nutzen, der durch die Heilmittelzulassungsvorschrift entsteht, durchgeführt.

Es gibt natürlich auch einen Haufen andere, die auch noch in Betracht kommen, aber von weniger Belang sind. Sie sollen anschließend auch noch kurz behandelt werden, um einige Vollständigkeit zu erreichen. Einen Nutzen erzielen natürlich alle, die an den Nachweisen mitwirken. Solch Nutzen kann natürlich nicht zu einer Rechtfertigung der Vorschrift beitragen. Solche ausführenden Spezialisten können ebenso gut mit anderen Arbeiten in ihrem Sachbereich beauftragt werden, womit sie auch nützlichere Arbeit leisten würden.

Erstrangige Nutznießer sind natürlich die „Experten", die Nachweismethodik und Zulassungswesen ausheckten. Solange ihre Methoden anerkannt sind, sind sie gefragte Gutachter und gemachte Leute. Da ihre Methoden inzwischen aber widerlegt sind und nachgewiesen wurde, daß ihnen die fundamentalen wissenschaftlichen Kenntnisse fehlen, droht ihnen die Blamage. Sie sind natürlich vor allen anderen daran interessiert, daß sich nichts ändert und alles so weiter läuft. Sie werden demgemäß auch nichts unversucht lassen, dies zu erreichen. Auf Dauer operieren sie jedoch auf verlorenem Posten, und werden sie gegen die Macht der Fakten nicht ankommen. Diese Experten täten gut, ihrer offenkundig werdenden Blamage vorzubeugen und sich anderen Tätigkeiten zuzuwenden, in denen sie der Blamage entgehen. Da sie über genügend Fertigkeit und Findigkeit verfügen, wird es ihnen nicht schwerfallen, solche Tätigkeiten rasch zu finden.

Eine besonders komische und bemitleidenswerte Rolle spielen in dieser Tragikomödie die Politiker. Sie sind Genasführte und Nasführende zugleich und mögen sich schließlich selbst fragen und beantworten, was mehr. Zu ihren Gunsten möchten wir das Erste annehmen. Einen Nutzen ziehen sie nur dadurch, daß sie durch Erlassen von Vorschriften und Treffen von Entscheidungen sich wichtig tun und so ihr Geltungsbedürfnis befriedigen. Wenn sie über dies ganze trübe Kapitel baldmöglichst mit dem Schwamm gingen, wird ihrem künftigen Nutzen am besten gedient sein.

Ein Wörtchen mitzureden haben überall auch die Parteien, so daß auch sie nicht unbedacht bleiben sollen. Diejenige Partei, die am meisten daran Interesse haben dürfte, staatliche Zulassungsvorschriften abzuschaffen, ist die Freie Demokratische Partei. Sie propagiert lauthals, staatliche Direktiven einzuschränken und gegebenenfalls abzuschaffen, stattdessen den gesellschaftlichen Kräften mehr Einflußmöglichkeiten zu gewähren. Kein Beispiel als das hier behandelte könnte günstiger sein, ihr Prinzip zu demonstrieren und anzuwenden. Die Vertreter dieser Partei können nach Vorstehendem sicher sein, daß sie damit richtig liegen und an diesem Beispiel hervorragend demonstrieren können, daß sich ihr Prinzip bewährt. Es gibt nämlich auch viele andere Beispiele, an denen sich das Prinzip weniger gut bewährt. Die Freie Demokratische Partei ist prädestiniert, eine Vorreiterrolle in der Abschaffung der Heilmittelzulassungsvorschrift zu spielen.

Von einer ganz anderen Sicht her liegen die Verhältnisse für die Sozialdemokratische Partei diesbezüglich ganz ähnlich. Sie setzt sich für die sozial schwächere Bevölkerung und gegen ihre Schädigung und Übervorteilung ein. Damit muß sie sich auch für den vollen Erhalt der Heilmittel einsetzen, die den Menschen helfen können, und dagegen, daß ihnen Heilmittel mit formalen bürokratischen Methoden entzogen werden.

Für die christlichen Parteien gilt ziemlich das Gleiche. Christliche Nächstenliebe gebietet, den Menschen alles ihnen möglicherweise Nützende zu erhalten und nicht zu entziehen. Zudem trat Jesus mit großem Engagement gegen die Händler und Wechsler im Tempel und gegen andere Schädlinge auf, die nicht dem allgemeinen Nutzen dienten. Christen sind daher ungeeignet, mit lauem Gemüt Unrecht walten zu lassen, so wie dies mit der Heilmittelzulassungsvorschrift geschieht.

Den Grünen dürfte das Thema besonders naheliegen. Sie wandten sich besonders nachdrücklich dagegen, wenn den Menschen Rechte entzogen werden, und wenn bürokratische Vorschriften mehr gelten als die realen Bedürfnisse der Menschen.

Auch alle anderen Parteien, die dazu da sind, etwas zum Nutzen der Bevölkerung zu bewirken, müßten sich im behandelten Themenkreis dafür einsetzen und für die ersatzlose Streichung der Heilmittelvorschrift eintreten. Insbesondere müßten dies auch sämtliche demokratische Parteien, also derzeit mehr oder weniger alle, da, wie ausgeführt, die bestehende Heilmittelzulassungsvorschrift mit Demokratie unvereinbar ist und schwerwiegend gegen sie verstößt. Auch alle Vereine, Institutionen und Initiativen, die sich der Wohlfahrt der Bevölkerung annehmen und von dem hier erörterten Problemkomplex berührt werden, haben, wenn sie sachrichtig vorgehen, ein Interesse daran, daß die geltende Heilmittelzulassungsvorschrift ersatzlos gestrichen wird. Unter solchen Vereinigungen sind es besonders die Verbraucherverbände, die daran ein bevorzugtes Interesse haben müßten, da Heilmittel und ihre Güte in ihre Zuständigkeit fällt.

Somit kann es gar keine Parteien oder gemeinnützige Vereinigungen geben, die irgendeinen Nutzen von der ominösen Vorschrift haben. Alle müßten nach Logik und Sachzusammenhang daran interessiert sein, sie auszumerzen. Niemand ist tatsächlich ein Nutznießer dieser Vorschrift.

15. Beantwortung weiterer gestellter Fragen.

Um die in dieser Schrift behandelte Thematik einigermaßen vollständig abzuhandeln, wären noch alle anderen im 2. Kapitel genannten Fragen aufzuarbeiten und zu beantworten. Da in dieser Schrift das Wesentliche möglichst deutlich zum Ausdruck gebracht werden soll, wird darauf verzichtet, die weiteren Probleme ebenso analytisch zu durchleuchten wie vorstehend die Kernprobleme. Es soll deswegen damit begnügt werden, soweit als möglich kurze Antworten auf die gestellten Fragen zu geben, ohne diese Antworten näher zu begründen. Viele Leser werden sich viele Begründungen selbst geben können:

14. Bisher sind keineswegs immer sachrichtige Entscheidungen gefällt worden. Zweckmäßig wäre, wenn Kenner eine übersichtliche Darstellung der Fehlentscheidungen darböten.
15. Künftig können Fehlentscheidungen dadurch vermieden werden, daß Entscheidungen behandelnden Ärzten und den betroffenen Patienten selbst ohne Dazwischentreten anderer vorbehalten werden, insbesondere der Staat nicht dabei mitwirkt.
16. Grundsätzlich ja. Zweifelhafte Situationen können dadurch entstehen, daß Gesetze und Rechtsvorschriften entstehen, die im Widerspruch zum Grundgesetz und zur Ethik stehen, was immer wieder Entscheidungen des Bundesverfassungsgerichts provoziert.
17. Fällt außerhalb der Zuständigkeit des Autors. Sein Bestreben ist, daß Vernunft, Ethik und Demokratie siegen und Strafrecht in diesem Bereich überflüssig wird.
18. Alle Heilmittel und -methoden sind auf Schädlichkeit und Nützlichkeit zu überprüfen. Nur müssen dazu auch richtige, passende Methoden verwendet werden und keine ungeeigneten wie derzeit amtlich vorgeschrieben.
19. Grundsätzlich gibt es keine Berechtigung, Heilverfahren unüberprüft zu lassen, wenn Heilmittel überprüft werden. Überprüfungen sind zweitrangig und nur zweckmäßig, wenn nicht durch die Überprüfung wesentlichere Arbeiten vernachlässigt werden. Verfahren, mit denen Schäden gesetzt werden können, bedürfen mehr Überprüfung als Verfahren, für die das nicht oder geringer der Fall ist. Nach dem Grad potentieller Schädlichkeit sind Überprüfungen quantitativ und qualitativ different zu verteilen.

20. Entsprechend 19. kann dies grundsätzlich nicht unterschieden werden, doch sind erhebliche Unterscheidungen in der Überprüfungsbedürftigkeit gemäß 19. zu machen.
21. Auswahlen ergeben sich nach dem Grad vermuteter potentieller Schädlichkeit und den praktisch erreichbaren Möglichkeiten zur Überprüfung.
22. Heilmittel sind in Stoffen konzentriert, andere Heilmethoden sind dies nicht.
23. Nein.
24. Ja. Mittel und Methoden, mit denen auch geschädigt werden kann, sind überprüfungsbedürftiger als solche, für die dies nicht oder nur unwesentlich zutrifft. Die Überprüfungen sind den dafür Zuständigen vorbehalten: Behandlern, Heilmittelerfindern und -herstellern, betroffenen Patienten. Überprüfungen zwecks Erlassen von Zulassungen und Verboten sind dagegen unberechtigt.
25. Vorrangig durch ihre tatsächliche und mögliche Schädlichkeit, nachrangig dadurch, daß Mittel fälschlich für Heilmittel gehalten werden können, es aber nicht sind, da sie keine Heilwirkung entfalten.
26. Nein. Nicht alle Heilmittel haben schädigende Nebenwirkungen.
27. Ja, aber wie zu 24.
28. Unschädliche Heilmittel ordnen = stellen gestörte Funktionen wieder her, schädliche verdrängen lediglich Symptome und produzieren damit wieder andere Symptome, womit weitere Schäden entstehen. Demgemäß können erstere als ordnende Heilmittel, damit Heilmittel im eigentlichen und engeren Sinn des Wortes bezeichnet werden, letztere als symptomatische Mittel.
35. Eine solche Verdrängung ist nicht zulässig. Sie könnte durch strengere Bestimmungen zum Qualitätsnachweis von Politikern überwunden werden. Eine strafrechtliche Ahnung gemäß dem Rechtsgrundsatz: Unkenntnis schützt vor Strafe nicht, ist grundsätzlich denkbar, doch erscheint es unzweckmäßig, strafrechtliche Methoden anzuwenden, statt lieber Methoden wirksamer Aufklärung und Politikerqualifizierung.
36. Nein.
37. Ja, indem die Entscheidungen den Zuständigen: Behandlern, Heilmittelerfindern, Patienten vorbehalten und Entscheidungen für Zulassungen und Verbote ausgeschlossen werden.
38. Nein. Statistisch werden eindeutige Resultate verdeutlicht. Mitunter können sachlich eindeutige Resultate, die aber nicht so eindeutig erkennbar

sind, durch statistische Aufarbeitung zu eindeutiger Erkennbarkeit gebracht werden. Darüber hinaus kann Statistik nichts liefern. Sie kann nicht, was sachlich nicht eindeutig ist, eindeutig machen. Sie kann Erfahrung nicht ersetzen, sondern nur verdeutlichen. Klare Erfahrung ist verblindender Statistik für die Erkenntnis überlegen.
39. Es gibt zwei verschiedene Möglichkeiten des Unterschieds:
  1. Mittels Statistik können eindeutig gewinnbare Resultate noch deutlicher erkennbar werden.
  2. Mittels Statistik können falsche Resultate gewonnen werden, die eindeutig gewinnbaren widersprechen. In solchen Fällen sind letztere zu akzeptieren, erstere nicht. Gemäß derzeit geltender Vorschrift wird genau umgekehrt vorgegangen, und gilt teilweise das Falsche und das sachrichtig Gültige nicht. So kann mit Statistik gefälscht werden, bewußt und unbewußt, und wird es oft.
40. Nein.
41. Nein. Sichere Entscheidungen können so nicht gewonnen werden. Es können lediglich Wahrscheinlichkeiten erhöht werden. Mit Wahrscheinlichkeiten lassen sich Zulassungen und Verbote nicht berechtigt begründen.
45. Diese Frage möchte der Autor auch beantwortet bekommen, da er sie nicht beantworten kann. Wer kann sie beantworten? Außer Geltungssucht, Rechthaberei, Wichtigtuerei und die Befriedigung, dadurch Macht auszuüben, kann der Autor keine Motive erkennen. Die entscheidenden Politiker werden offensichtlich selbst betrogen. Weswegen sie sich betrügen lassen, kann der Autor nicht erkennen. Als am wahrscheinlichsten nimmt er an, daß sie einfach naiv nicht durchblicken, und daß sie soviel anderes zu tun haben, daß ihnen die hier vorliegende Problematik einfach entgeht.
47. Anscheinend liegt hierfür garkeine präzisierte Methode vor, sondern werden nur gewonnene Zahlen für und gegen das betreffende Mittel verwendet.
48. Nein.
49. Nein. Statistiken können nur Erfahrungserkenntnisse verdeutlichen.
50. Nein.
51. Ja, doch wird sie mitunter falsch angewendet.
52. Keine. Besser: Zulassungen und Verbote von Heilmitteln verbieten.
53. Die bisher verwendeten Vorkehrungen sind dies sicher nicht.

54. Ja, wie zu 52., mit den bisher verwendeten Methoden jedoch nicht.
55. Meist wird dies ignoriert.
56. Nein.
57. Nein.
58. Den mehrfach genannten Zuständigen überlassen, sich mit den Zweifeln zu beschäftigen, zuzüglich wissenschaftlich potenten Supervisoren, dagegen die Beschäftigung von Staatsvertretern damit ausschalten.
59. Nein, ganz im Gegenteil.
60. Ja, für immer wiederkehrende prompt wirkende Mittel.
61. Nein.
62. Wie zu 60. angegeben.
63. Ja, jedoch sind solche Entscheidungen Sache der angegebenen Zuständigen, nicht der von Politikern.
64. Die tatsächlich Zuständigen müssen sich auch dann von Fall zu Fall entscheiden; Politiker haben auch hier keine berechtigte Entscheidungsbefugnis.
65. Die vorliegende Schrift ruht auf wissenschaftlich gesichertem Boden; das derzeit Geltende schwimmt in verschwommenen Vorstellungen, Mutmaßungen und Illusionen.
66. Soweit sie Tieren keine Leiden zufügen.
67. Sie sind teilweise übertragbar, teilweise nicht. Eine generelle Regel, nach welcher erkennbar wäre, wieweit die Übertragbarkeit reicht, ist bisher unbekannt. Ob ein Tierversuchsresultat auf Menschen übertragbar ist, wird erst hinterher bekannt, wenn das im Tierversuch Geprüfte so oft an Menschen angewendet wurde, bis es auch in seiner Wirkung auf Menschen beurteilbar ist. Solange bleibt der Wert eines Tierversuchsergebnisses für Menschen unbekannt.
68. Nein. Neben Auswahl in dieser Hinsicht spielen auch Zufall und Handhabbarkeit der jeweiligen Tierart eine Rolle.
69. Rein pragmatisch erheblich eingeschränkt; ethisch überhaupt nicht.
70. Gemäß 67. gibt es keine Regel, nach der generell erkennbar wäre, wieweit dies der Fall ist. Lediglich kann konstatiert werden, daß es Fälle gibt, in denen die Wirkungen gleich sind, wie Fälle, in denen sie ähnlich sind, wie andere, in denen sie verschieden sind. So beruhigt Morphium Menschen, während es Katzen aufregt und zu übermäßiger Bewegung treibt.
71. Vorsorglich ist das nicht ausschaltbar. Erst wenn der Schaden eingetreten

ist, wird bekannt, daß im betreffenden Fall die Übertragung nachteilig war.
72. Diese komplexe Frage ist nicht auf Anhieb beantwortbar, weswegen zu ihrer Beantwortung bessere und konsequentere Untersuchungen erfolgen sollten als sie bisher erfolgten. Zur Beurteilung sind nicht nur der pragmatische Nutzen von Menschen, sondern auch die übergeordnete ethische Beurteilung in Rechnung zu stellen.
77. Gemäß 35. können sich strafrechtliche Folgen ergeben, doch erscheint zweckmäßiger, sie zu vermeiden.
80. Ja.
84. Darüber kann man geteilter Meinung sein. Die Fahrlässigkeit ist so grob, daß sie zum Strafrecht sicher reicht.
85. Dies könnten diejenigen beurteilen, welche die internen Verhältnisse kennen. Sie werden sich mutmaßlich hüten, die Wahrheit öffentlich bekannt zu machen.
86. Vielerlei Maßnahmen, vor allem erheblich bessere Politikerqualifizierung und ebenso bessere demokratische Kontrolle.
87. Ja.
88. Ja.
89. Kaum eine.
90. Ja.
92. Nein, da Zulassungen und Verbote generell unzulässig sind.
94. Ja. Wissenschaft und Praxis müssen sich um derart Wichtiges und Wesentliches kümmern.
95. Die Widerstände und ihre Gründe wurden von Thomas **Kuhn** in: Die Struktur wissenschaftlicher Revolutionen, klargelegt, durch Max **Planck** in dem Aphorismus gefaß: „Erst müssen die Schüler derjenigen, die einen wissenschaftlichen Irrtum aufstellten, aussterben, bis er beseitigt wird."
96. Der Behandler.
97. Niemandem, außer dem Behandler durch seine Behandlungspflicht.
98. Durch den Widerstand eines Wissenschaftsparadigmas nach Thomas Kuhn.
99. Dito.
100. Ja.
101. Eine sehr komplexe Frage, die nur komplex in größerem Zusammenhang beantwortbar ist.

102. Nein.
103. Nein.
104. Nein.
105. Ja.
106. Weil Fikten, nicht Fakten gefolgt wird.
107. Diese Frage haben die zu beantworten, die Wirksamkeitsnachweise wünschen, aber die Pflicht zu solchen Nachweisen anderen auferlegten, was ursprünglich nicht der Fall war. Ein sachlicher Grund dafür besteht hier überhaupt nicht. Vielmehr liegt ein völlig unberechtigter staatlicher Übergriff vor.
108. Die genannte Erfahrung genügt völlig.
109. Diese Fragen haben die ungebetenen Dritten zu beantworten. Einen sachlichen Grund dafür, daß sie sich hereinmengen, besteht nicht. Ihr Auftrag, Bürger zu schützen, bietet dafür keinen berechtigten Grund.
110. Sie sind nicht zuständig.
111. Weil die nötige demokratische Kontrolle und die Einsicht der Kontrollierenden fehlen.
113. Nein.
114. Kann der Autor nicht beantworten, mögen andere tun.
115. Dito.
116. Nein.
117. Ja.
118. Durch klare gesetzliche Vorschriften, die solchen staatlichen Mißbrauch verbieten.
119. Nein.
120. Ja.
121. Daß Politiker, Medien und demokratisch Kontrollierende zu objektiver Unvoreingenommenheit verpflichtet und erzogen werden.
122. Ja.
123. Nein.
124. Sie ist positiv wirksam.
125. Sämtliche heilsam wirkenden, unabhängig von der wissenschaftlichen Aufklärung ihrer Wirkweise.
126. Sie sind von anderen Kriterien abhängig zu machen.
127. Weil nicht logisch, sondern unlogisch vorgegangen wird.
128. Ja.
129. Es ist nicht richtig, den herstellenden Unternehmen die Wirksamkeits-

nachweispflicht aufzuerlegen. Die Staatsvertreter haben sich an die falsche Adresse gewendet.
130. Überprüfung ist erforderlich.
131. **Meist genügen** leider **Argumente nicht, um verfehlte Maßnahmen zu korrigieren.**
132. **Häufiger genügt die Macht bürokratisch errichteter Fakten, um Argumente unbesehen zu ignorieren.**

16. Zusammenfassung der Untersuchungsergebnisse.

Das Buch behandelt die wesentlichen Probleme des Umgangs mit Heilmitteln, während bisherige diesbezügliche Publikationen sich auf bestimmte ausgewählte Problembereiche beschränkten. Schon dadurch ist das Buch ein Novum, das die Beachtung aller, die mit Heilmittelumgang befaßt sind, verdient. Darüber hinaus **werden für alle** diese **wesentlichen Probleme Lösungen geboten,** die als richtig **und** problemlösend **begründet** werden und somit zur Beurteilung und gegebenenfalls Widerlegung anstehen.

Bekanntlich **besteht für den Umgang mit Heilmitteln eine extrem ernsthafte Situation,** die derzeit aktuell auf Entscheidung zugespitzt ist, worüber die Öffentlichkeit hinweggetäuscht wird. **Für eine riesige Menge an Heilmitteln droht das Verbot, obwohl** zumindest **viele** von ihnen dringend und **unerläßlich gebraucht werden. Wird das bisherige** unzureichende und falsch begründete Konzept **weitergeführt, treten** für viele betroffene Patienten **Katastrophen ein.** Viele werden Schaden ihrer Gesundheit durch realferne Verordnungen erleiden und viele dadurch sterben.

Wenn in diesem Buch bessere Lösungen geboten werden, **haben Heilmittelfirmen und betroffene Patienten,** damit **ein hoher Bevölkerungsanteil, ein vitales Interesse, diese Lösungen kennenzulernen, ein weiteres hohes berufliches Ärzte, Politiker, Journalisten und Juristen.** Damit jeder kurz übersichtlich ermessen kann, ob dies so zutrifft, werden die wichtigsten der in diesem Buch enthaltenen Problemlösungen zusammenfassend genannt:

1. Die amtlich vorgeschriebene Methode zum Nachweis von Heilmittelwirkungen ist sachlich unhaltbar, **falsch und leistet nicht, was vorgegeben wird.** Sie liefert viele falsche, unzureichende und zweifelhafte Resultate und kann sachrichtige Begründungen für Zulassungen und Verbote nicht liefern.

2. Diese Methode ist von vornherein **nur für einen Teil der Heilmittel zugeschnitten** und ist **für den anderen unmöglich verwendbar.** Diese Heilmittel sollen aber auch nach der vorgeschriebenen Methode beurteilt werden, obwohl überhaupt keine Möglichkeit besteht, sie mit dieser Methode zu beurteilen. Dies gilt für alle nicht generell, sondern individuell wirkenden Heilmittel.

3. Dieser logisch absurde Widersinn erfolgt mit der Begründung, daß eine andere Nachweismethodik für diese anderen Heilmittel nicht bekannt sei,

und von den Vertretern dieser Heilmittel in einem ihnen vorgeschriebenen Zeitraum keine andere Nachweismethodik vorgelegt worden sei. **Diese angeblich fehlende Nachweismethodik wird in dem Buch angegeben.**

4. Die amtlich vorgeschriebene Methode zum Nachweis von Heilmittelwirkungen leistet nicht nur medizinisch-pharmakologisch nicht, was sie leisten soll, und was sie angeblich leisten würde, sondern **ist generell wissenschaftlich unhaltbar, weil sie im Widerspruch zu den** derzeit **erreichten wissenschaftstheoretischen Erkenntnissen steht.** Die Methode folgt vielmehr wissenschaftstheoretischen Annahmen, die vor 100 Jahren galten, aber inzwischen überholt, da widerlegt sind, insbesondere durch den bekanntesten Wissenschaftstheoretiker dieses Jahrhunderts Karl Raimund Popper, ebenso andere beste Philosophen und Wissenschaftstheoretiker.

Als die Methode der Wahl galt für die Wissenschaft die Beweisführung. Inzwischen wurde klar erkannt, daß Beweisführungen nur zur Lösung einer Minderheit von wissenschaftlichen Problemen möglich sind, und zwar für diejenigen, deren Problemglieder sämtlich vollständig erfaßbar sind. Alle anderen Probleme können nicht mittels durchgängiger Beweisführung gelöst werden, da ein Teil ihrer Problemglieder unerkennbar bleibt. Die generelle Methode der Wahl für die Wissenschaft ist daher die Einschätzung mit nachfolgender Irrtumskorrektur. Wenn dies verkannt wird, und Beweisführungen angestrebt werden, obwohl Beweise garnicht durchführbar sind, kommt es zu Scheinbeweisen, die zu einem großen Teil zu Fehleinschätzungen führen. Es wird in solchen Fällen unsauber gearbeitet und so getan, als ob die Problemglieder genügend erfaßbar seien, obwohl sie es nicht sind. Mit einer zur Verdeutlichung wissenschaftlicher Ergebnisse durchaus geeigneten statistischen Aufarbeitung wird vorgetäuscht, die fehlende Erfassung von Problemgliedern ausgleichen zu können, was nicht der Fall ist. Nach dieser Methode der Scheinbeweisführung arbeitet die amtlich vorgeschriebene Nachweismethodik, die dadurch verhängnisvolle Ergebnisse liefert, wie dies auch die in der Praxis erzielten Ergebnisse belegen.

Wissenschaftler, die Politikern eine Methodik zum Nachweis von Heilmittelwirkungen vorlegen, müßten erst einmal ihren wissenschaftstheoretischen Nachholbedarf decken, und **Politiker müßten sich an solche Wissenschaftler halten, die auf dem besterreichbaren wissenschaftstheoretischen Stand stehen.** Beides ist sträflich vernachlässigt worden, was der Staatssouverän, das Volk, ausbaden müßte, wenn nicht endlich die überfällige Korrektur erfolgt.

5. Zulassungen und Verbote von Heilmitteln sind generell unzulässig, weil sie mit den Bedürfnissen der betroffenen Patienten und mit Demokratie absolut unvereinbar sind. Welche Heilmittel zu verwenden sind, fällt in die Zuständigkeit der Behandler und der behandelten Patienten. Diese beiden Partner haben einvernehmlich zu entscheiden, welche Heilmittel sie zur Verwendung geeignet halten und demgemäß verwenden wollen. Um sie verwenden zu können, müssen sie aber zur Verfügung stehen und dürfen von niemandem verboten werden, am wenigsten aus unzureichenden und oft nur formalen Gründen durch sachfremde Politiker, die von dem, was sie verbieten und zulassen, überhaupt keine Ahnung haben.

6. Wenn sich Ärzte, Heilmittelhersteller und Patienten die völlig unzulässigen Einmischungen sachunkundiger Politiker gefallen lassen, werden sie an der effektiven Zerstörung von Demokratie mitschuldig.

7. Die Zuständigkeit von Politikern für Zulassung und Verbot von Heilmitteln wird damit begründet, daß der Staat für den Schutz der Bürger da sei. Dies ist generell richtig, doch führen unzulängliche Zulassungen und Verbote von Heilmitteln nicht zum Schutz, sondern zur Schädigung der Bürger. Heilmittel stehen diesbezüglich im Gegensatz zu Suchtmitteln.

8. Jeder, der dazu ausreichend kompetent ist und nicht bloß gängige Denkschemen wiederkäut, ist aufgefordert, die in diesem Buch gebotenen Lösungen und ihre genauen Begründungen zu widerlegen.

Heilmittelfirmen, Ärzte, Gesundheitspolitiker, Medien und Patienten sind aufgefordert, die in diesem Buch **gebotenen** brauchbaren **Lösungen zu verbreiten,** wirksam **zu unterstützen** und **für generelle Abschaffung von Verboten und Zulassungen von Heilmitteln zu sorgen.**

Über den Autor

Der Autor ist Arzt für Innere Medizin und hat als solcher in Klinik, Praxis und als leitender Sanatoriumsarzt gearbeitet. Universitätsstudien trieb er in 3 Fakultäten: philosophischer, naturwissenschaftlicher und medizinischer.

Als Schriftsteller betätigte er sich in vielen Sachbereichen: Philosophie, Epistemologie, Biologie, angewandter Biologie wie Wald-, Land-, Gartenwirtschaft, Landeskultur u.a., Medizin, Ökonomik, Politik, Recht, Schrift, Sprache, Kommunikation, Kultur; Sachliteratur, Essayistik, Aphoristik; Humoristik, Dichtung: Dramatik, Ballade, Lyrik.

Als Philosoph verfaßte er viele Bücher, so in Gnoseologie = Erkenntniswissenschaft, Ontologie = Seinswissenschaft, Axiologie = Wert- und Sinnwissenschaft, Ethik. In der Gnoseologie veröffentlichte er das Standardwerk: *Die Struktur der Erkenntnis*. Das kürzere wissenschaftsmethodisch präzisierende Buch: *Einschätzung und Irrtumskorrektur* steht zur Veröffentlichung an.

Durch die eingehenden Studien zur Erkenntnis und Wissenschaftsmethodik war es dem Autor im Unterschied zu bloßen Medizinern nicht schwer, die fundamentalen Denk- und Wissenschaftsfehler, die in der vorgeschriebenen Methodik zum Nachweis der Wirksamkeit von Heilmitteln gemacht worden sind, zu erkennen, aufzuzeigen und bloßzulegen. Leider genügt die Erkenntnis von Fehlern oft nicht zu ihrer Beseitigung.

Deswegen müssen in- und extensive Bemühungen vieler durch diese Schrift in Kenntnis Gesetzter bewirken, daß auch die dringend benötigte Nutzanwendung aus Erkenntnis erfolgt.

Anmerkungen

1) Sofern ich mich richtig erinnere von Bergt Berg in seinem Buch „*Die letzten Adler*" angeführt.
2) MMW Taschenbuch. Helmut Kiene: *Kritik der klinischen Doppelblindstudien.* 1993. 70 Seiten, MMW-Medizin-Verlag, München.
3) G. Clauser: *Über die seelischen Wirkungen der Arznei.* Deutsche medizinische Wochenschrift. 11 (1956), 370 - 375.
4) J. Hornung: *Zur Problematik der Doppelblindstudien, therapeutiken 3.* (1989), 696 - 701.
5) 2) S. 58 - 60.
6) Thomas Kuhn: *Die Struktur wissenschaftlicher Revolutionen.* Deutsche Übersetzung 1967.
H. Kaegelmann: *Die Struktur der Erkenntnis.* 1992. S. 136. Verlag Kritische Wissenschaft.
8) Formuliert von Albertus Magnus, um 1200 - 1250, dem doctor universalis des Mittelalters.
9) Ernst Haeckel, 1834 - 1919, erstrangiger Biologe, Monist: *Die Welträtsel.* 1899.
10) Bekanntlich entstehen Verständnisschwierigkeiten durch Ungenauigkeiten der Sprache. Da diese Vorgegebenes nachbildet, kommt sie dem Vorgegebenen nicht nach, so daß Verschiedenes mit einem Wort ausgedrückt wird. Das trifft sogar für das Wort „absolut" zu, daß keineswegs absolut genau vermittelt, was mit ihm gemeint ist. Im hier gebrauchten Sinn bedeutet Absolutes das wirklich Vorhandene im Gegensatz zu real Erscheinendem, das mit ersterem nach Abzug von nur Scheinbarem identisch sein könnte, doch ist unentscheidbar, ob und wieweit solche Identität besteht. Ganz anderes bedeutet absolut im Gegensatz zu relativ. Mit diesem Gegensatz werden die Wirkungen der Perspektive ausgedrückt. Ein entfernter Gegenstand ist absolut größer als ein näherer kleinerer, doch erscheint uns der absolut größere relativ = durch die Perspektive kleiner als der absolut kleinere nähere.
11) *Die Struktur der Erkenntnis.* S. 14, 73-82.
12) G. Vollmer: *Von den Grenzen unseres Wissens.* Naturwissenschaftliche Rundschau. 42, 1989), 10, 387-392.
13) C. F. von Weizsäcker: *Zeit und Wissen.* 1992. S. 561.
14) Zweifel ist die Kardinalmethode der Philosophie. Ihr Hauptinitiator war vor über 2 Jahrtausenden Sokrates. Systematisch verwendete im 17. Jahrhundert Descartes den Zweifel als grundlegende wissenschaftliche Methode und wurde damit zum Begründer der neuzeitlichen Philosophie. Im laufenden 20. Jahr-

hundert entwickelte Popper den Zweifel zu der nunmehr gültigen Wissenschaftsmethode der Falsifikation.
15) *Struktur der Erkenntnis.* Seite 14 - 18, 445 - 446.
16) Mitte des 19. Jahrhunderts durch den Mathematiker Georg Friedrich Bernhard Riemann ermittelt.
17) H. Kaegelmann: *Der Antrieb der Realität.*
Die Struktur der Erkenntnis. Die Impulsaktivität und Funktionalität behandelnden Teile des Buches.
In dieser Literatur ist eine Theorie der den Realitätsablauf bewirkenden Potenzen gegeben.
18) René Descartes, 1596 - 1650: *Abhandlung über die Methode zum richtigen Vernunftgebrauch und zum Auffinden der Wahrheit in den Wissenschaften.* 1637.
Die Prinzipien der Philosophie. 1641.
H. Kaegelmann: *Die Struktur der Erkenntnis.* 2. Band: Historischer Vergleich mit Meinungen anderer. 1993. S. 47 -53.
19) Die Widerlegung des in der ersten Hälfte des 17. Jahrhunderts aufgestellten Konzepts der deduktiven Wissenschaft erfolgte bereits gegen Ende dieses Jahrhunderts durch Pierre Bayle und Tschirnhaus, im 18. Jahrhundert weiterhin durch Crusius und Kant.
20) So der Physiker Lord Kelvin: „Wer das, was zu sagen ist, nicht in Zahlen ausdrücken kann, ist von strenger Wissenschaft weit entfernt." Ob das so Ausgesagte richtig oder falsch ist, hängt davon ab, wie „strenge" Wissenschaft definiert wird. Wird „streng" als das mit Zahlen Ausdrückbare definiert, stimmt es natürlich, doch stimmt eine solche Definition nicht mit dem üblichen Sprachgebrauch von „streng" überein. Andersartige Wissenschaft kann nicht weniger streng sein als mit Zahlen ausgedrückte. Sie muß sogar, wie in der Gnoseologie = Erkenntniswissenschaft, noch strenger sein. Außerdem gibt es außer recht verschiedenartigen strengen Wissenschaften auch weniger strenge Wissenschaften, so etwa die hermeneutischen.
21) H. Kaegelmann: *Zur Erhellung unseres einzigartigen weltgeschichtlichen Augenblicks.*
Die Struktur der Erkenntnis.
Einschätzung und Irrtumskorrektur.
Der Antrieb der Realität und andere Schriften.
22) Rudolf Carnap, 1891 - 1954: *Der logische Aufbau der Welt. 1928.*
23) *Struktur der Erkenntnis. S. 76, 77.*
24) Dito. S. 374.
25) Immanuel Kant, 1724 - 1804: *Kritik der reinen Vernunft.* 1781.

26) Nicolai Hartmann, 1882 - 1950: *Grundzüge einer Metaphysik der Erkenntnis.* 1921. 4. Aufl. 1949. Kurz referiert in: *Struktur der Erkenntnis.* S.41.
27) Werner Heisenberg, 1901 - 1976: „Die besondere Unsicherheit, die zwangsläufig aus der Unbestimmheitsrelation folgt, fehlt der klassischen Physik". In: *Physik und Philosophie.* 1959. S. 29. Ullstein-Verlag.
28) In der experimentellen Naturwissenschaft gilt Reproduzierbarkeit als Beweis dafür, daß ein Phänomen wie angegeben und beliebig oft unter gleichen experimentellen Bedingungen reproduziert gesetzmäßig besteht. Zu solchem Nachweis müssen Experimentalbedingungen im Labor oder anderswo gleichgehalten werden, was oft soweit gelingt, daß dies für den betreffenden Beweis genügt. Andererseits werden die gleichen Bedingungen, besonders in der Biologie, auch nur unterstellt, sind aber tatsächlich doch nicht vorhanden, so daß fehlerhafte Beweise und Gegenbeweise resultieren. So werden z.B. konstitutionsgebunden wirksame Heilmittel mitunter als unwirksam „bewiesen", indem zwar im Vergleich die sonstigen Bedingungen ähnlich sind, aber die Wirkungen an verschieden konstituierten Patienten verglichen werden, so daß Reproduzierung garnicht erzielt werden kann. Auch im Labor lassen sich nicht immer alle äußeren Bedingungen so abschirmen, daß gleiche Bedingungen herrschen, doch werden viele differierende Bedingungen nicht beachtet und daher nicht berücksichtigt. Durch all solche Reproduktionsschwierigkeiten läßt sich auch mit Statistik manipulieren. Oft werden durch Reproduktionen gültige Nachweise geführt, aber solche Nachweise sind kritisch zu überprüfen, und ungenügend kritisch angelegte insbesondere manipulierte Scheinnachweise sind von echten Nachweisen zu unterscheiden.
29) Supervision wird etwa in der Psychotherapie angewendet. Der erfahrene, Supervision treibende Arzt nimmt in die Psychotherapien anderer Ärzte Einblick und steuert aus seiner anderen Sicht verwertbare Vorschläge bei.
30) Vielen ist heutzutage „die" Wissenschaft Ersatz für Religion, so daß sie an Wissenschaft ebenso blindlings glauben wie das früher für Religion der Fall war und streckenweise auch heute noch ist. Der Physiker Walter Heitler prägte dafür den Begriff „Wissenschaftsgläubigkeit". Menschenwerk ist jedoch meist nicht vollkommen, und das gilt auch für die Vertreter von Religion und von Wissenschaft nicht anders als für die profanerer Bereiche. Demgemäß gibt es wie den persiflierend viel zitierten „real existierenden" Sozialismus auch eine „real existierende" Wissenschaft, die von dem, was ideal mit Wissenschaft gemeint ist, weit abweicht.
31) Karl Raimund Popper, 1902 - 1995: *Logik der Forschung.* 1966.
32) H. Kaegelmann: *Einschätzung und Irrtumskorrektur.* In dieser relativ kurzen Schrift ist die generelle erforderliche Wissenschaftsmethodik im Zusammenhang

dargestellt. Für die genauere Information ist das Studium dieser Schrift zweckmäßig.
33) Einige Namen unter der riesigen Fülle von Beispielen: Johann Hus, Giordano Bruno, Galileo Galilei, Paracelsus, Jean Jacques Rousseau, Semmelweis, Robert Mayer, Carl Ludwig Schleich, Berthold Kern.
34) Carl Friedrich von Weizsäcker: *Zeit und Wissen*. S. 556.
35) Dito. S. 443.
36) Dito. S. 441.
37) Dito. S. 53.
38) Jean Jacques Rousseau, 1712 - 1778: *Über den Gesellschaftsvertrag*. 1762.
39) Hans Dollinger: *Schwarzbuch der Weltgeschichte*. 1973. Manfred Pawlak Verlagsgesellschaft, Herrsching. Vielleicht als Zeichen, daß lieber verdrängt wird: der Verlag besteht nicht mehr.
40) Hegel: *Phänomenologie des Geistes*. 1807.
Enzyklopädie der Wissenschaften. 1817.
41) Goethe: In: Heinrich Luden: *Rückblicke in mein Leben*. 1874. Enthalten in: *Deutsche Geschichtsphilosophie von Lessing bis Jaspers*. Herausgegeben von Kurt Rossmann. 1959.
42) Schiller: *Die Braut von Messina*. 1803.
43) Kant: *Ideen zu einer allgemeinen Geschichte in weltbürgerlicher Absicht*. 1784.
44) Die Zitate in: Kaegelmann: *Fundamente der Ordnungswirtschaft*. 1994.
45) Der leider nur zu nötige Begriff „Wissenschaftsgläubigkeit" wurde von dem Schweizer Physiker Walter Heitler gebildet. In unserem Wissenschaftszeitalter wurde religiöse Gläubigkeit oft durch Wissenschaftsgläubigkeit ersetzt oder ihr hinzugefügt. Wenn ein bekannter renommierter Wissenschaftler eine Theorie äußert, wird an sie wie an einen wissenschaftlich erwiesenen Fakt geglaubt, und gemäß diesem Glauben verfahren, was für die Wissenschaftsentwicklung entsprechend verheerende Wirkung hat.
46) Für die „Verantwortung der Wissenschaft" gibt es eine eigene Gesellschaft, doch ist bisher leider wenig zur Anhebung der Verantwortung der Wissenschaft spürbar.
47) Kaegelmann: *Die Potenzen der Medizin zur Entwicklung voller Heilkunde*. William Boericke: *Homöopathische Heilmittel und ihre Wirkungen*. Viele weitere.
48) Adam Smith: *Untersuchungen über die Ursachen des Volkswohlstandes*. 1776.
49) Hierzu: Kaegelmann: *Fundamente des Ordnungswissenschaft*.